비트코인 지금 사서
평생 투자하는 법

인플레이션을 이기는 **비트코인 경제학**

₿ 비트코인

최동녘 지음

지금 사서
평생 투자하는 법

유노
북스

비트코인 10년 역사

2013년 04월 14일, 1BTC 13만 원

"비트코인 거품 이미 붕괴한 듯"

<파이낸셜뉴스>

2014년 01월 17일, 1BTC 89만 원

"비트코인은 21세기판 튤립 거품 … 발행량 제한이 치명적 실수"

<조선비즈>

2014년 03월 10일, 1BTC 69만 원

"비트코인, 일종의 폰지 사기"-경제학자 누리엘 루비니

<이데일리>

2017년 05월 30일, 1BTC 246만 원

"하이킥 비트코인, 신중론 고개 튤립 버블과 비슷"

<아시아경제>

2017년 09월 13일, 1BTC 464만 원

"비트코인은 사기 … 튤립 버블처럼 곧 폭발"-JP모건 CEO

<이데일리>

"기성 금융권 잇따라 쓴소리 … 피라미드 사기 유사"

<이데일리>

2017년 10월 10일, 1BTC 545만 원

"비트코인 가격 폭락할 것"-세계적인 경제학자 케네스 로고프

<이데일리>

2017년 11월 28일, 1BTC 1,020만 원

"비트코인을 사느니 튤립을 사겠다"

<한겨레>

2017년 12월 11일, 1BTC 1,914만 원

"금융 당국 비트코인은 사기 … 거래 인정 절대 안 해"

<국민일보>

2018년 01월 11일, 1BTC 1,563만 원

"암호 화폐 금지법 준비 중 … 거래소 폐쇄 목표"-법무부 장관

<뉴스1>

2018년 10월 19일, 1BTC 735만 원

"블록체인과 비트코인은 세계 최대의 사기극"-누리엘 루비니

<ITWorld>

2019년 01월 15일, 1BTC 410만 원

"가상 화폐 광풍과 함께 사라지다"

<조선일보>

2020년 03월 19일, 1BTC 940만 원

"코로나 이후 반토막 … 비트코인 시대 끝나나"

<조선일보>

2021년 01월 15일, 1BTC 3,900만 원

"탐욕의 무덤, 다 잃을 각오해야 … 가상 화폐 광풍에 잇단 경고"

<국민일보>

2022년 05월 24일, 1BTC 3,740만 원

"월가의 경고 … 비트코인은 쓰레기, 8000달러까지 떨어질 것"

<뉴스1>

2021년 05월 25일, 1BTC 4,400만 원

"비트코인 가치 0 될 수도 ⋯ 암호 화폐 전멸 위기"

<국민일보>

2023년 12월 07일, 1BTC 5,600만 원

"다이먼, 내가 정부라면 암호 화폐 금지"

<한국경제>

2024년 2월 16일, 1BTC 7,100만 원

"비트코인 '디지털 금' 지위 갖추나, 골드 ETF 대규모 자금 유출에 원인 가능성"

<비즈니스포스트>

2024년 2월 29일, 1BTC 8,700만 원

"지금 속도면 '금 넘어선다' ⋯ 비트코인 '급등' 이유는?"

<머니투데이>

2024년 3월 5일, 1BTC 9,500만 원

"비트코인·金 나란히 최고가 경신 ⋯ 안전 자산 달러 대체하나"

<서울경제>

2024년 3월 6일, 1BTC 9,100만 원

"상관관계 0 수렴하는 비트코인 … 대체 자산 지위 확립하나"

<연합인포맥스>

"블랙록 비트코인 ETF, 역대 최단 기간 자산 100억弗 달성"

<연합인포맥스>

2024년 3월 7일, 1BTC 9,300만 원

"(비트코인) 희소성에 배당금 없고 달러와 반대로 움직여"

<조선일보>

2024년 3월 8일, 1BTC 9,400만 원

"비트코인 가격 급등, 연준 겁먹게 할 수 있다"-JP모건

<연합인포맥스>

2024년 3월 11일, 1BTC 9,700만 원

"1경 원 자산 굴리는 블랙록, 두 달간 비트코인 20만 개 사들였다"

<조선비즈>

2024년 3월 12일, 1BTC 1억 원

"비트코인 1억 원 돌파-역사의 죄인이 되고 있는 금융 당국"

<블록미디어>

2024년 3월 13일, 1BTC 1억 10만 원

"이제 금보다 '비트코인'이다 … 35만 달러 간다"

<SBS Biz>

2024년 4월 9일, 1BTC 1억 20만 원

"블랙록 비트코인 ETF 200억 달러 육박 … 채권이 5년 걸린
일을 3개월에 해냈다"

<블록미디어>

퓨처 오브 머니,
비트코인이 만들어 가는 세상

암호 화폐 시장이 한참 침체기던 2023년, 마이애미에서 진행된 비트코인 콘퍼런스에는 1,000여 개의 기업과 수만 명의 참여자가 행사장에 모여 비트코인의 미래를 이야기했습니다. 행사가 열린 2023년 5월, 비트코인은 전년 고점인 6만 5,000달러에서 60% 가까이 하락한 2만 8,000달러 수준에 거래됐죠. 모두가 '비트코인은 망했다'고 말하던 시기였지만, 행사장에서 느껴지는 분위기는 우울함과 침통함이 아닌 반짝이는 열정과 기대였습니다. 주가가 10%만 떨어져도 난리가 나는 주주 총회와는 달리 이 장소에 모여 있던 이들은 절반이 넘게 떨어진 비트코인 가격에도 모두가 빛나는 눈빛이었죠.

저는 이 행사장에서 수많은 이를 만나 이야기를 나눴습니다. 샘슨 모우, 로버트 브리드러브, 맥스 카이저 같은 유명한 비트코이너들부터 자식들에게 비트코인 하나씩을 물려주는 것이 꿈이라는 한 가족, 아무 보상 없이 비트코인 교육 프로그램을 만들어 대중에게 공개하는 교육자, 더 많은 이가 비트코인의 가치를 믿기 원하며 직접 만든 비트코인 굿즈를 나눠 주는 예술가까지. 이 장소에서 만난 모두는 웃는 얼굴로 자신이 왜 비트코인을 믿고 더 많은 사람에게 알리고자 하는지 이야기를 나누고 있었습니다.

이 장소에서 느껴지는 에너지는 다른 투자 콘퍼런스에서 느낄 수 있는 것이 아니었습니다. 이들은 공통된 목표를 추구하는, 비트코인을 매개로 한 가치관을 공유하는 하나의 커뮤니티였습니다. 함께 비트코인을 믿고 있다는 것 하나만으로 서로를 신뢰하고 아껴 주는 새로운 공동체죠.

이들에게는 어떤 장벽도 존재하지 않았습니다. 여러분이 많이 들어 보셨을 마이크로스트레티지의 CEO 마이클 세일러 같은 인플루언서들도 강연이 끝나면 연단에서 내려와 그와 이야기하고자 모여 있는 비트코이너들과 생각을 공유하고 대화했죠.

암호 화폐라면 질색을 하는 국내 정치인들과는 달리 미국에서는 주요 대권 후보 중 한 사람인 로버트 F. 케네디 주니어 같은 정치인들도 행사에 참여해 비트코인이 만들어 갈 미래를 심도 있게 논의했습니다. 이들은 비트코인이 단순한 투자 대상을 넘어 우리의 삶과 경제에 어떤 영향을 미치는지, 그리고 그 과정을 더욱 강하고 빠르게 만들어 가기 위해 어떤 노력이 필요한지를 계속해서 탐구하고 고민하고 있었습니다. 여러분이 이 장소에 계셨더라면 제가 느낀 그 에너지를 똑같이 느끼셨을 것이라 장담합니다.

누군가는 자국의 화폐가 심각한 인플레이션을 겪고 있기에, 누군가는 정부가 컨트롤하는 화폐가 진정 국민을 위한 시스템이 아니라고 생각하기에, 누군가는 더 많은 이가 비트코인을 믿게 되며 가치가 높아질 것으로 생각하기에. 그들이 모인 이유는 달랐지만, 이들에게 비트코인이란 새로운 세상을 이끌 패러다임, 현 통화 체제의 대안이자 개선안, 인류에게 새로운 가치 체계를 제시할 신기술이었습니다.

수많은 이가 한자리에 모여 비트코인을 진정한 의미의 건전한 돈, 사운드 머니로 만들고자 노력함을 저는 보고 느낄 수 있었습니다. 비트코인은 우리가 막연하게 느끼는 것과 달리 누군가에게는 이미 새로운 시대의 삶에 필요한 필수적 존재로 자리 잡아 가고 있었죠.

비트코인은 돈의 미래입니다. 비트코인을 믿는 세상의 모든 이는, 여러분은, 저는 모두 같은 세상을 살아가지만 다른 사고와 가치관을 갖고 있죠. 이 미래를 믿을 것이냐 믿지 않을 것이냐는 여러분의 몫입니다. 하지만 그 선택은 반드시 비트코인과 세상의 근간을 이루는 시스템에 대한 이해를 기반으로 이뤄져야 합니다.

저는 비트코인이 더 나은 돈, 화폐의 미래라고 믿습니다. 비트코인이라는 새로운 자산은 기존 세상에서 우리가 마주할 수 없었던 전혀 새로운 패러다임을 인류에게 제시하고 있습니다. 대한민국의, 미국의, 중국의, 일본의, 엘살바도르의, 아르헨티나의 사람들에게 기존에 없던 새로운 시스템, 더 나은 시스템을 제시해 줄 수 있는 새로운 존재입니다. 비트코인이 돈의 미래를 만드는 존재가 될지, 혹은 새로운 튤립 파동으로 역사의 한편에 기록될지 2024년을 사는 우리는 아직 알 수 없습니다. 저는 여러분도 비트코인을 믿어야 한다고 말하지는 않겠습니다. 다만 제가 왜 이 시스템이 세상에 필요하고 진정 우리를 위한 시스템이라 생각하는지 말씀드리도록 하겠습니다.

여러분에게는 모두 동일한 기회가 주어집니다. 비트코인을 믿고 베팅할 것이냐, 사라질 하나의 장난으로 보고 그 기회를 잡지 않을 것이냐. 저의 생각과 함께 여러분이 스스로의 선택을 만들어 가실 수 있기를 바라며 이야기를 시작해 보겠습니다.

차 례

PART 1

비트코인 10년 전과 10년 후를 읽어야 할 때
비트코인의 재발견

PART 2

지금 살 비트코인을
다음으로 미루지 마라
비트코인 투자 전략

PART 3

개인은 포트폴리오에 비트코인을 담는다
비트코인의 힘

PART 4

비트코인이 바꾸는
화폐 패러다임
비트코인의 미래

비트코인 10년 전과 10년 후를 읽어야 할 때

• 비트코인의 재발견 •

—
비트코인, 2030년 380만 달러(약 51억 원)까지 오를 것.

캐시 우드(아크 인베스트먼트 매니지먼트 CEO)

01

기회의 다른 이름
비트코인

₿

2024년 3월 12일, 비트코인은 1억 원을 돌파했습니다.

"비트코인은 망한다!"

글로벌 금융사부터 경제학자, 투자자들이 계속해서 소리쳤지만,
비트코인은 10년 전 이날 대비 145배가 오르며 그들의 주장을 타
파했죠. 결국 승리한 이들은 누구일까요? '논리'로 비트코인을 공
격하고 그 영향력을 줄이고자 노력한 이들이 아닌, 비트코인을 향

한 '믿음'을 갖고 자신의 포트폴리오 속 비트코인을 조금씩 모아 온 이들입니다. 비트코인이 누군가에게는 이미 많은 부가 되어 경제적 자유로 이어졌을 수도 있고, 누군가에게는 세상이 움직이는 방향을 조금 빠르게 알아챈다면 큰 부로 이어진다는 교훈이 되었을 수도 있겠죠.

우리는 왜 비트코인을 모아야 할까요? '비트코인' 하면 가장 먼저 생각나는 인물이자 글로벌 기업가, 인플루언서인 마이클 세일러의 말을 빌려 여러분에게 비트코인 이야기를 시작해 보겠습니다.

> **"비트코인은 점점 단단해지고, 똑똑해지고, 빨라지고, 강해진다. 끝없는 기술의 진보는 비트코인을 진화하게 만든다. 그리고 모든 사람은 그들이 받을 만한 합당한 가격에 비트코인을 가진다."**
>
> -마이클 세일러(마이크로스트레티지 CEO)

2024년, 마이크로스트레티지는 비트코인을 약 20만 5,000개 보유하고 있습니다. 한화로 약 2조 원, 평균 매수가는 3월 13일 기준 7만 2,000달러의 절반 이하인 3만 3,706달러로 알려져 있죠. 그는 비트코인 투자만으로 1조 원이 넘는 돈을 벌어들인 겁니다. 마이크로스트레티지의 전략은 간단합니다.

'돈이 생기면 비트코인을 산다.'

이런 전략에 실제 마이크로스트레티지의 주가는 비트코인 가격과 같은 방향으로, 오히려 더 많이 오르는 모습을 보이고 있죠.

마이클 세일러는 비트코인을 구매해야 하는 이유가 '세계의 경제 전쟁 속 부의 재분배 구조 때문'이라 말합니다. 부의 재분배는 세 가지 주체에 의해 발생합니다. 이 세 가지가 그 크기에 따라 여러분의 삶에 주는 영향력 또한 달라집니다.

정부 / 기술 기업 / 노동력

한 기업의 가격은 정부 정책에 따라 크게 오르고 내리죠? 이는 정부라는 부의 재분배 주체의 영향력이 기술 기업 대비 훨씬 강함을 의미합니다. 이런 이유로 우리가 매일 미국의 경제 정책과 물가 상승률 추이, 금리 등을 바라보는 것이죠.

그리고 여러분의 노동력보다 훨씬 강한 재분배 주체가 기술 기업입니다. 기술 기업은 어떻게 보면 우리가 부의 재분배 흐름을 타고 미래를 만들어 갈 수 있도록 만들어 줍니다. 여러분이 주식 뉴스를 열심히 보고, 어떤 기술이 우리의 미래를 만들어 갈지 고민하게 만드는 바로 그 대상이죠. 엔비디아, 테슬라, 애플, 구글, 마이크로소프트 같은 기업들의 가치를 빠르게 잡아 낸 이들은 노동의 굴레에서 벗어나 자유의 삶에 한 걸음 다가갈 수 있었습니다. 이를 위해서는 인공 지능, 반도체, 소프트웨어 등 다양한 기술 분야가 어떤 방향으로 나아갈지 알아야 합니다.

당신이 해야 할 생각,
세상이 앞으로 어떻게 바뀔까?

여러분은 단순 노동력만으로는 현재 삶의 굴레를 벗어날 수 없다는 것을 깨달으셔야 합니다. 이를 여실히 보여 주는 것이 소비 곡선입니다. 대한민국 국민들은 '적자 인생'을 살고 있습니다. 평범한 사람들은 평생을 거쳐 버는 돈보다 쓰는 돈이 훨씬 많죠.

적자 인생에서 우리는 삶의 기반이 되어 줄 자산을 모아 갈 수 없습니다. 앞서 말씀드린 세 가지의 부의 재분배 주체 중 노동력만으

1인당 생애 주기 적자 추이

로 우리의 삶을 바꿀 수 없다는 점이 그 이유죠. 아무리 우리가 열심히 일해도 노동의 굴레를 벗어나기 위해서는 다른 노력이 필요합니다.

기술의 발전은 인간의 삶에 새로운 패러다임을 제시합니다. 그리고 그 패러다임을 빠르게 알아차린 이들은 돈 걱정을 하며 살 필요가 없어집니다.

1994년에 개봉한 영화 〈포레스트 검프〉에는 현재까지도 계속해서 회자되는 명장면이 등장합니다. 1970년대를 배경으로 한 이 영화에서 주인공은 한 편지를 받고 이런 대사를 합니다.

"중위님께서 내 돈을 관리해 주셨는데, 무슨 과일 회사에다 투자를 했다며 우린 이제 돈 걱정할 필요가 없어졌다더군요."

영화 속 '중위님'이 투자한 회사는 바로 '애플 컴퓨터'였습니다. 한때 '과일 회사'로 불리던 이 기업은 세계인의 삶을 바꾸고, 지금은 시가 총액 1위로 우뚝 솟은 기업이 되었습니다. 애플이 1976년 설립돼 1980년이 되어서야 주식 시장에 상장했으니, 〈포레스트 검프〉의 배경이 된 그 시기에 애플에 투자했다면 엄청난 부를 얻을 수 있었겠죠.

재미있는 사실은 이 영화를 보고 나서야 주인공이 부러워 애플 컴퓨터에 투자를 했다고 하더라도 이후에는 돈 걱정할 일이 없었을 것이란 부분입니다. 영화가 개봉된 1994년 10월 애플의 주가는 0.3달러(주식 분할 반영가)에 불과했습니다. 제가 이 글을 쓰는 현재 애플의 주당 주가는 172.75달러입니다. 영화를 본 청년이 이 이야기에 감명받아 1,000만 원 가치의 애플 주식을 구매했다면, 지금은 575배가 뛰어 약 58억 원이라는 큰돈이 되어 있을 것입니다. 이 청년은 아마 돈 걱정은 하지 않는 중년이 되어 있겠죠?

이 이야기에서 여러분이 느끼셔야 하는 바는 바로 우리의 삶에 이런 기회의 순간이 무수히 많이 존재한다는 것입니다. 그 기회가 반드시 비트코인이 될 필요는 없습니다. 여러분이 쌓아 온 경험과 관점으로 이 세상이 나아갈 방향을 고민하고 앞서가시면 됩니다.

하지만 저는 여러분에게 비트코인이 왜 우리가 꿈꾸는 '돈으로부터 자유로운 삶'을 향하는 한 걸음이 되어 줄 수 있는지 제 생각을 공유드려 보고자 합니다.

02

비트코인을 사기 전
반드시 답해야 할 질문들

———————— ₿ ————————

여러분은 비트코인을 믿으시나요?

이 질문은 단순히 암호 화폐에 대한 입장을 넘어 비트코인이 대표하는 원칙과 혁신에 대한 믿음을 묻는 질문입니다. 이는 우리가 세 가지에 대한 관점을 고민하게 만들죠.

화폐 / 기술 / 금융 자율성의 미래

1. 비트코인이 사라질 수 있을까요?

비트코인이 무명의 디지털 자산에서 인정받는 금융 도구로 변모한 여정을 생각해 보세요. 비트코인은 한때 무명의 디지털 자산으로 시작하여 점차 글로벌 금융 시장에서 인정받는 주요 투자 도구로 자리 잡았습니다. 이 과정에서 비트코인은 여러 어려움을 극복해야 했습니다. 금융 규제에 대한 도전, 시장의 극심한 변동성, 그리고 계속해서 변화하는 경제적 내러티브에 적응해 왔죠.

이런 장애물들을 넘어서며 비트코인은 그 자체의 본질적 가치와 지지자들의 굳건한 믿음이 얼마나 강력한지를 증명했습니다. 많은 이가 비트코인을 일시적인 유행이라고 치부했으나, 그것은 시간과 함께 잘못된 예측임이 드러났습니다. 비트코인은 금융 시장에서 끊임없이 자신의 위치를 확립해 왔으며, 여러분이 보시듯 많은 전통적 금융 기관들조차 그 가치를 인정하기 시작했죠.

이는 비트코인이 투기의 대상을 넘어서 금융 시스템 내에서 하나의 신뢰할 수 있는 자산으로 자리 잡았음을 의미합니다. 비트코인의 이런 성장과 발전은 금융 기술이 나아가야 할 방향을 제시합니다. 그리고 앞으로도 계속해서 우리 경제에 중요한 영향을 미칠 것입니다. '비트코인은 곧 사라질 것'이라는 논리는 더 이상 설득력을 갖지 못합니다. 이제는 비트코인이 글로벌 경제에서 어떤 요소가 되어 갈 것인지, 그 잠재력을 더욱 깊이 탐구해야 하는 시점입니다.

2. 돈은 무엇을 위해 존재할까요?

비트코인의 핵심 원칙은 '탈중앙성, 한정된 공급, 보안, 사용자 주권'입니다. 디지털 화폐의 이 네 가지 핵심 원칙은 전통적인 금융 시스템에서는 볼 수 없는 독특한 특성입니다. 비트코인은 그 본질에서 기존의 화폐 시스템과 근본적으로 다르게 접근합니다.

첫 번째, 탈중앙성은 중앙 기관 없이도 화폐가 안전하게 운용될 수 있음을 의미합니다. 이는 사용자에게 더 큰 자유와 통제권을 부여합니다.

두 번째, 비트코인의 발행량이 2,100만 개로 제한된다는 점은 인플레이션에 대한 내성을 제공하며, 그 가치가 시간이 지남에 따라 희소성으로 인해 증가할 수 있죠.

세 번째, 화폐와 달리 비트코인은 고도의 암호화 기술에 의해 보장됩니다. 이는 사용자의 자산을 불법적인 접근으로부터 보호합니다.

네 번째, 개인이 자신의 자산을 완전히 통제할 수 있도록 함으로써 금융 기관의 개입 없이도 자유롭게 거래할 수 있게 해 사용자의 주권을 지켜 줍니다.

이제 우리는 자문해 볼 필요가 있습니다. 돈은 무엇을 위해 존재할까요? 이 질문은 화폐 본연의 가치를 탐구하는 것입니다. 전통적인 화폐 시스템은 정부와 중앙은행이 통제하며 종종 정치적, 경제적 결정에 의해 그 가치가 좌우됩니다. 반면 비트코인은 외부 요인으로부터 독립적으로 운영되며 사용자에게 진정한 경제적 자유를 약속합니다.

이런 비트코인의 원칙들이 현대 경제에서 어떤 영향을 미칠 수 있는지 고려해 볼 때, 우리는 비트코인이 기존의 금융 체계가 안고 있는 한계와 도전을 넘어서는 새로운 가능성을 제시하고 있음을 알 수 있습니다. 이것이 바로 비트코인이 제공하는 혁신적인 가치의 본질입니다. 진정 우리를 위한 가치를 지닌 화폐 시스템은 무엇일까요? 이는 우리가 함께 고민해야 할 중요한 질문입니다.

3. 비트코인의 가치가 얼마나 될까요?

비트코인이 세상에 만들어 가는 가치를 생각해 보세요. 비트코인이 글로벌 경제에 제공하는 가치는 매우 다양하며 광범위합니다. 특히 은행 계좌를 보유하지 못하는 세계 인구에게 금융 포용성을 제공하는 면에서 그 가치가 더욱 빛나죠. 전 세계적으로 성인 17억 명 이상이 금융 시스템에서 소외되어 있습니다. 이들에게 비트코인은 안전하게 접근할 수 있는 금융 서비스를 제공하는 대안적 수단입니다. 이는 단순히 돈을 저장하고 송금하는 기능을 넘어 더 큰 경제적 기회와 자유를 제공합니다.

또한 비트코인은 인플레이션으로부터의 보호라는 중요한 역할을 합니다. 많은 국가에서 경험하는 높은 인플레이션율은 국가 통화의 가치를 빠르게 훼손할 수 있습니다. 비트코인은 이런 환경에서 자산을 보호하는 수단으로써 그 가치가 인플레이션의 영향을 받지 않는 글로벌 자산으로 인식되고 있습니다. 이는 특히 경제적 불안정성이 높은 지역의 주민들에게 중요한 대안이 될 수 있습니다.

국제적인 송금에 있어서도 비트코인은 중요한 역할을 합니다. 전통적인 은행 시스템을 이용한 국경 간 송금은 높은 수수료와 긴 처리 시간을 필요로 합니다. 비트코인은 이런 거래를 몇 분 이내에 저렴한 비용으로 처리할 수 있습니다. 이는 특히 해외 근로자가 가족에게 송금할 때 큰 이점을 제공합니다.

비트코인이 이 같은 방식으로 금융 시스템의 패러다임을 바꾸고 있음을 고려했을 때, 그 가치는 단순한 숫자로 평가할 수 있는 것이 아닙니다. 글로벌 금융 시장에서 더 많은 포용과 혁신을 가능하게 하는 원동력이 되고 있습니다. 여러분은 이런 변화가 현재의 금융 시스템에 어떤 영향을 미칠지, 그리고 이런 변화가 우리의 미래 경제에 어떻게 통합될 수 있을지 생각해 보셔야 합니다. 비트코인은 단순한 투자 상품을 넘어서 우리가 경제적 활동을 이해하고 참여하는 방식을 근본적으로 바꿀 수 있는 잠재력을 지니고 있습니다.

4. 비트코인을 얼마나 믿나요?

비트코인에 대한 믿음은 단순한 투자를 넘어 돈과 기술의 진화에 대한 관점을 포함합니다. 비트코인은 '디지털 금'으로 불리며 가치 저장 수단으로써의 역할을 하고, 때로는 교환의 매개체, 혹은 투기의 대상으로도 여겨집니다. 이렇게 다양한 시각에서 바라보는 비트코인은 그 자체로 미래 글로벌 경제에서 어떤 위치를 차지할지에 대한 상상력을 자극합니다. 여러분은 비트코인이 앞으로 어떤 변화를 맞이할 것이라고 생각하시나요? 그 변화가 우리 사회와 경제에 어떤 의미를 부여할까요?

이런 질문들은 비트코인을 둘러싼 미래의 불확실성과 기대를 동시에 내포하고 있습니다. 비트코인의 기술적 기반인 블록체인은 변화무쌍한 기술적 환경에서 지속적으로 발전을 거듭하고 있습니다. 이는 비트코인이 미래에 더욱 복잡하고 다양한 경제적 역할을 수행할 가능성을 시사합니다. 비트코인에 대한 깊은 이해와 미래에 대한 통찰은 우리가 디지털 시대의 재화와 자산을 어떻게 활용할지에 대한 전략을 세우는 데 큰 도움이 됩니다. 비트코인이 지닌 잠재력을 탐색하면서, 우리는 더 넓은 경제적 맥락에서 혁신적인 기회를 발견하고 이를 적극적으로 활용할 수 있습니다.

10년 전, 현재
그리고 10년 후

미국의 프로그래머 라슬로 한예츠는 2010년, 1만 비트코인으로 피자 2판을 구매했습니다. 이는 1억 원 기준 1조 원에 달하는 비트코인입니다.

비트코인으로 피자를 구매한 투자자

10년 전, 누군가에게 비트코인을 묻는다면 "비트코인이 뭔데?"라고 말했을 겁니다.

5년 전, 누군가에게 비트코인을 묻는다면 "그거 완전 도박 아니야? 맨날 오르고 내리고만 하던데?"라고 말했을 겁니다.

지금, 우리가 보는 비트코인은 세계 최고의 투자사 블랙록이 "미래 먹거리"로 평가하는 "전통적인 금융을 파괴하고 새로운 금융을 세상에 제시할 자산"이 되었죠.

5년 뒤, 우리가 누군가에게 비트코인을 묻는다면 그는 우리에게 어떻게 답할까요?

10년 뒤, 우리가 누군가에게 비트코인을 묻는다면 그는 우리에게 어떻게 답할까요?

'비트코인을 믿느냐'는 질문은 단순한 투자를 넘어 우리가 화폐와 경제 시스템을 어떻게 바라볼 것인가를 의미합니다. 그리고 과연 어느 방향이 올바른 방향성일지 생각하게 만들죠. 여러분은 올바른 화폐, 금융 시스템이 어떤 모습이어야 한다고 생각하시나요? 정부가 아닌 사람을 위한 구조는 어떤 모습일까요?

여러분은 비트코인을 믿으시나요?

03

반드시 변하는 것과
절대 변하지 않는 것

세계는 지금도 경제 전쟁의 소용돌이 속에 있습니다. 역사가 시작된 순간부터 지금까지 부의 재분배가 계속되었죠. 모든 돈과 권력이 포함된 이 거대한 게임에서 우리는 부의 이동을 지켜보고 있습니다. 테크 기업들은 부의 재분배의 중심 무대에 서 있습니다. 애플, 구글, 테슬라 같은 이름들은 하나의 기업을 넘어서 경제의 방향을 좌우하죠.

노동력, 즉 우리가 열심히 일하는 힘은 이 경제 게임에서 어디에 위치할까요? 우리의 삶에서 굉장히 중요한 이 노동, 아무리 열심히 노력해도 기술의 도움 없이는 그 가치가 크게 퇴색한다는 사실을 잊지 마세요.

지금 비트코인이 차지하는 자리는 전 세계 경제에서 작은 부분일지라도 그 의미는 결코 작지 않습니다. 1조 4,000억 달러라는 숫자는 이미 은 시장의 시가 총액을 넘었습니다. 금시장이나 주식 시장과 비교하면 미미할 수 있지만, 비트코인의 잠재력을 고려하면 이야기는 달라집니다. 주식, 금과 은은 모두가 믿는 상황 속 지금의 가치를 만들었죠. 비트코인은 아직도 수많은 사람이 믿지 않는 자산입니다.

기술의 진보는 우리에게 무한한 가능성을 제공하고, 이는 부의 재분배 방식에 큰 영향을 미쳤습니다. 플랫폼, 반도체, 인공 지능 등 정부 정책과 결합된 기술 발전은 자본과 부채의 새로운 균형을 만들었죠. 이 모든 변화 속에서 비트코인은 어떤 위치를 차지하게 될까요? 그것은 단지 경제적 가치를 넘어서 우리가 세계를 바라보는 새로운 관점을 제공할지도 모릅니다.

달러의 가치가 하락하면서 우리는 새로운 경제 현실에 직면하고 있습니다. 인플레이션은 단순한 숫자 게임이 아닙니다. 우리의 일상생활에 직접적인 영향을 미치고 있죠. 우리는 지금 매일매일 우리가 보유한 법정 화폐(원화)의 가치가 떨어지며 물가가 오르는 것을 피부로 느끼며 살고 있습니다.

이런 변화에 비트코인은 단순한 자산을 넘어서 새로운 경제적 자유를 향한 여정의 일부가 될 수 있습니다. 생각해 보세요. 만약 우리가 일상적인 소비재의 가치를 법정 화폐의 가치가 아니라 금 같은 희귀 자원으로 측정한다면 결과는 어땠을까요?

부의 세계에서
당신의 위치는?

지난 세기 달러는 금에 비해 99%의 가치를 상실했습니다. 달러 표시가가 100배 이상 상승했죠. 이는 단순히 금의 희소성 때문만이 아닙니다. 우리는 계속해서 금을 발굴하고 있으며, 그 방법과 처리의 진보로 금 생산성이 더욱 개선되고 있습니다.

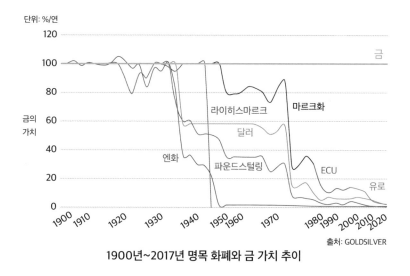

출처: GOLDSILVER

1900년~2017년 명목 화폐와 금 가치 추이

주식의 영역으로 눈을 돌려 S&P 500 지수의 최고 500개 기업들과 달러의 가치를 비교해 보시죠. 지난 100년, 달러는 이 기업들에 비해 99.8%의 가치를 잃었습니다. 이는 우리가 직면한 화폐 가치의 충격적인 현실입니다.

지구 최강국의 화폐인 달러마저 이런 운명을 맞이했다는 사실은 무엇을 의미할까요? 심지어 최고의 법정 화폐라 할지라도 그 가치가 급격히 퇴색하고 있습니다. 원화의 미래는 어떨지 여러분의 상상에 맡기겠습니다.

세계 곳곳에서 사람들이 불안을 호소합니다. 미국 외에도 전 세계 수많은 국가에서 화폐 가치가 더 빠르게 급락하고 있습니다. 아르헨티나 페소의 예를 들어 보죠.

지난 20년간 달러 대 페소 교환비는 무려 500배 이상 상승했습니다. 이는 달러 대비 페소 가치가 20년 전 대비 0.2%가 되었다는 의미입니다. 여러분이 아르헨티나에서 '나는 매일 새우깡 한 봉지는 먹어야지!' 하며 평생 새우깡을 먹을 돈을 열심히 모아 뒀다면, 20년이 지난 지금은 새우깡에 들어간 새우(새우깡의 새우 함량은 8.5%)도 살 수 없는 돈이 되어 버린 것입니다.

이는 많은 사람이 경제적 전쟁에서 불리한 위치에 서 있음을 의미하며, 단순 노동력만으로 삶을 바꿀 수 없음을 보여 줍니다. 달러도 안전하지 않습니다. 같은 기간 동안 달러는 S&P 지수에 비해

75% 하락했습니다.

정부가 화폐 가치를 떨어뜨릴 수 있다는 것은 국민들의 자산 가치를 임의로 조정해 원하는 사람들에게 재분배할 수 있음을 의미합니다. 정부는 화폐를 찍어 낼 수 있습니다. 찍어 낸 화폐를 누군가에게 분배한다면 대다수 국민의 자산 가치를 줄이고 그들에게 재분배하는 것과 같은 효과를 얻을 수 있죠. 경제적으로 볼 때 부의 재분배 전쟁에서 이런 불리한 위치에 서 있는 것은 문제 해결에 절대적인 불리함을 의미합니다.

이런 패배의 덫에서 벗어날 수 있는 방법은 오직 하나입니다. 여러분이 자산을 보호하고 싶다면 반드시 법정 화폐를 '안전한 자산'으로 전환해야 합니다. 이 자산은 '희소성이 있고, 수요가 높으며, 휴대가 용이하고, 내구성이 높으며, 관리가 쉬워야' 합니다. 일부 자산은 희소하고 수요가 많지만, 이동이 불가능할 수 있습니다. 예를 들어 강남 아파트는 가치가 있지만, 매년 상당한 세금을 내야만 유지할 수 있습니다. 원할 때 이를 현금화할 수도 없죠. 우리는 현명한 투자자가 되어야 합니다. 다시 말씀드리겠습니다.

'희소성이 있고, 수요가 높으며, 휴대가 용이하고, 내구성이 높으며, 관리가 쉬운' 자산.

여러분의 머릿속에 무엇이 떠오르시나요? 분명한 점은 불안정한 법정 화폐 시스템에서 비트코인 같은 디지털 자산이 제공하는 기회에 무시할 수 없는 가치가 있다는 것입니다.

사토시 나카모토는 데이터를 변경할 수 없고, 중단될 수 없으며, 영구히 존재하는 네트워크에 기록하는 방법을 만들었습니다. 비트코인은 거대한 금융적 가치를 보관하는 수단으로 활용되기도 하지만, 디지털 신원과 보안 통신 면에서 혁명적인 도약을 제시하는 기술입니다.

공개 키와 개인 키의 결합을 통해 우리는 거래와 메시지에 서명할 수 있고, 이를 통해 변경 불가능한 암호화된 기록을 만들어 낼 수 있습니다. 이 기술이 우리에게 제공하는 것은 단순히 금전적 가치를 넘어서 전 세계적으로 작동하는 네트워크를 만드는 능력입니다.

모든 문서와 메시지가 안전하게 서명되고, 변경 불가능한 타임스탬프가 찍힌다면 어떨까요? 문서의 진정성과 무결성은 더는 의문의 여지가 없으며, 이후 본인이 사라지더라도 상속인이나 법률 전문가조차 원본을 조작할 수 없습니다.

비트코인의 보안성이 강해지면 강해질수록, 수십억 달러를 이전하는 데 충분히 강해진다면 그 가능성은 여기서 끝나지 않습니다. 비트코인이 단순한 화폐를 넘어서 변화 불가능한 기록 플랫폼으로 발전할 수도 있습니다. 비트코인은 다음 세 가지 혁신적인 사용 사례로 주목받고 있습니다.

1. 가치의 저장소

비트코인은 이미 '디지털 금'으로 불릴 만큼 강력한 가치 저장 수단으로 자리 잡았습니다. 금 같은 전통적 가치 저장 수단을 이미 넘어선 비트코인은 이제 금의 시장 가치에 도전하며 새로운 금융 패러다임을 제안하고 있습니다. 전통적인 금융 시스템에서 볼 수 있는 금은 물리적인 보관과 이동에 제약이 따르지만, 비트코인은 이런 물리적 한계를 넘어선 디지털 형태로 존재합니다. 전 세계 어디서나 즉시 거래가 가능하며 블록체인 기술을 통해 보안성 또한 강화되었습니다.

더 나아가 비트코인은 수학적으로 제한된 공급량으로 경제적 불안정이나 통화 인플레이션 같은 외부 요인에 영향을 적게 받습니다. 이런 측면에서 비트코인은 단순히 가치를 저장하는 수단을 넘어 글로벌 경제에서 중요한 자산 클래스로 자리매김할 가능성이 큽니다.

2. 거래의 매개체

비트코인은 일상적인 거래의 매개체로서의 역할을 강화하고 있습니다. 이런 변화의 중심에는 라이트닝 네트워크 같은 기술 혁신이 있습니다. 라이트닝 네트워크는 비트코인의 확장성 문제를 해결하는 데 중추적인 역할을 합니다. 이를 통해 비트코인이 고빈도 거래에 적합한 도구가 되고 있습니다. 비트코인 보유자들은 몇 초

만에 전 세계 어디로든 비트코인을 저렴한 수수료로 송금할 수 있습니다. 이는 전통적인 은행 시스템이 제공하지 못하는 속도와 효율성이죠. 비트코인과 라이트닝 네트워크의 결합으로 비트코인 네트워크의 가치와 실용성은 더욱 증가할 것으로 전망됩니다. 비트코인이 금융 거래의 새로운 패러다임을 제시하고 있습니다.

3. 신뢰의 구축

비트코인은 단순히 가치 저장 수단을 넘어 디지털 시대의 신원 확인 및 보안 문제에 혁신적인 솔루션을 제공합니다. 인간이 생성한 콘텐츠와 인공 지능이 만들어 낸 콘텐츠를 구분하는 일이 점점 더 복잡해지고 있습니다. 이런 환경에서 비트코인의 기술적 기반은 중요한 역할을 합니다. 특히 개인 키와 보안 기술은 사용자의 디지털 자산뿐만 아니라 개인의 디지털 신원을 보호하는 데 활용될 수도 있습니다. 이는 비트코인이 단지 통화로서의 기능을 넘어 미래 디지털 시대의 필수적인 인프라로 자리 잡고 있음을 보여 줍니다.

04

거꾸로 돌아가는 쳇바퀴 위에
당신의 돈이 있다

₿

주가 지수가 급등할 때 우량주에 투자한 이들은 자신의 투자 능력에 만족감을 느낍니다. 하지만 진실은 언제나 더 복잡하죠. 화폐 공급량의 변화를 들여다보면 이른바 '수익'이란 화폐 인플레이션과의 경쟁에서 한 걸음 앞서가는 것에 불과함을 깨닫게 됩니다. 투자의 세계에서 진정한 승자는 운이 아니라 통찰력을 바탕으로 한 결정을 내린 이들입니다. 그렇다면 우리는 어떤 자산군에 투자해야 할까요?

2002년부터 2021년까지 JP모건의 20년간 자산 수익률 분석을 보면 현금이 리스트의 최하단에 위치합니다. 연간 수익률이 1.2%인데요. 원자재 역시 낮은 수익률을 보였습니다. 공급량은 제한되어 있지만, 기술 혁신이 계속해서 채굴과 사용 효율을 높이기 때문입니다.

경제 이슈에 관심이 많은 분이라면 미국 연준의 목표 인플레이션이 몇 %인지 아실 겁니다. 미국의 목표 인플레이션은 연 2%입니다. 실제 그래프에서도 지난 기간 연 2.2%의 평균 인플레이션

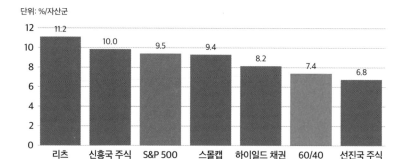

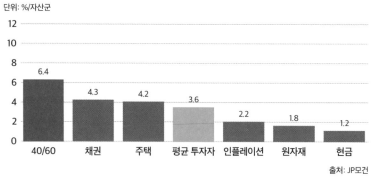

출처: JP모건

2002-2021 자산군별 연간 수익률 그래프

이 있었음을 알 수 있죠. 하지만 이 숫자는 정부 집계에 불과하며 실제 시장 상황을 반영하지 않기도 합니다. 정부는 인플레이션 계산 방식을 조정함으로써 경제적 진실을 왜곡합니다. 일상을 사는 사람들은 이런 조작이 CPI 수치에 어떤 영향을 미치는지 인지하지 못하죠.

여러분 어려서 먹던 아이스크림과 지금 아이스크림의 크기는 어떤가요? 과자의 양이 줄어든 건 말할 것도 없고, 예전에 식당에서 그냥 주던 공깃밥은요? 같은 값을 내도 그 효용이 줄어드는 슈링크플레이션 역시 인플레이션 집계에 들어가지 않습니다. 이런 간극으로 실제 인플레이션은 연 2.2%를 훨씬 뛰어넘는 수치가 됩니다.

이는 우리가 인플레이션의 늪에 빠져 가는 것을 느끼지 못하고 더욱 깊숙이 내려가도록 만들죠. 여러분이 자신의 투자를 다시 되돌아보셔야 하는 이유가 바로 여기에 있습니다. 피터 린치의 말처럼 여러분은 지금 "뒤로 돌아가는 쳇바퀴 위에 있는 것"이기 때문입니다.

'나는 투자한다'고 믿는 멍청이가 되지 말자

우리의 목표를 다시 생각해 보죠. 우리는 '부의 재분배 구조' 속 시장의 흐름을 간파하고 쳇바퀴를 벗어나는 것이 목표입니다. 앞서 2002년부터 2021까지의 자산군별 연간 수익률 그래프를 다시 보시면, 이 기간 최고의 퍼포먼스를 낸 투자 자산은 리츠, 즉 부동산 투자 신탁입니다. 약 11.2%의 투자 수익률을 기록했죠. 우리가 조금 더 친숙한 대상으로 가자면 신흥국 주식, S&P 500 같은 대상이 약 10%의 수익률을 기록했네요.

2023년 대한민국의 연간 소비자 물가 지수는 전년 대비 3.6% 상승했습니다. 이 지표에 포함될 수 없는 인플레이션까지 고려해 5% 정도 인플레이션이 발생했다고 가정해 보죠. 이 인플레이션을 고려한다면 신흥국 주식과 S&P 500의 실질 수익률은 약 5%가 될 것 같습니다.

우리가 돈을 열심히 모아서 한 달에 100만 원을 모은다고 생각해 봅시다. 우리는 굉장히 똑똑한 투자자여서 저 그래프에 있던 최고의 선택만 골라서 합니다. 이 상황에서 우리의 실질 수익률은 약 5%입니다.

30세에 취업을 했다고 치고, 50세부터 슬슬 은퇴 준비를 한다고 가정하겠습니다. 여러분이 20년 동안 돈을 열심히 모았다면 은퇴 준비를 하게 되는 시점에 모은 돈은 얼마일까요? 이 문제를 풀기 위해서는 복리 계산을 해야 합니다. 그 식은 다음과 같죠.

$$FV = P \times (1+r)^n + PMT \times \left(\frac{(1+r)^n - 1}{r} \right)$$

1. FV는 '미래 가치' 입니다.
2. P는 '초기 투자 금액'이며, 이 경우에는 0으로 가정할 수 있습니다.
3. r은 '기간 수익률'입니다. 연간 5%의 실질 수익률이므로, 월간 수익률로 환산해야 합니다.
4. n은 투자 기간 동안의 '총 기간 수'입니다(월 단위).
5. PMT는 '매 기간 투자되는 금액'입니다. 여기서는 매달 100만 원입니다.

월간 수익률을 구하기 위해 연 수익률 5%를 12로 나눕니다. 그리고 20년 동안의 개월 수를 계산합니다. 20년은 240개월입니다. 이제 공식에 값을 대입하여 미래 가치를 계산할 수 있습니다.

20년 동안 매달 100만 원씩 저축하고 연간 실질 수익률 5%로 계산했을 때 모을 수 있는 총금액은 약 4억 1,103만 원입니다. 맛있는 밥, 사고 싶은 물건, 가족과 친구와 하고 싶은 좋은 경험을 아끼고 아껴 20년의 노동 후 '최선의 선택을 했을 때' 얻을 수 있는 금액이 지금의 4억 원 정도인 것이죠.

이 사례를 통해 우리는 부의 재분배 흐름에 들어가기 위해 노동과 평범한 투자로는 충분하지 않다는 것을 알 수 있습니다. 일반적인 방법으로는 노동의 굴레를 벗어날 수 없습니다. 최고의 투자자

역시 돈을 '불렸다'기보다는 돈을 '지켰다'고 할 수 있겠죠. 우리가 원하는 것은 자유를 느낄 수 있는 부입니다. 이를 위해 필요한 것은 미래를 볼 수 있는 반짝이는 시선입니다.

05

타이밍을 잡을 수 있다는
환상에서 벗어나라

---- ₿ ----

　자, 우리가 진정한 가치를 창출하는 투자를 하기 위해서는 어떻게 해야 할까요? 우리가 마주할 미래의 세상을 상상하고, 그 세상을 만들어 갈 테크 기업에 투자하는 것이 필요합니다. 애플 컴퓨터에 투자해 포레스트 검프의 은인이 된 중위같이 말이죠. 그리고 검프와 같이 적절한 자산에 투자해 그 종목이 주목받는 시기를 기다리는 시간이 필요합니다.

　투자와 관련된 콘텐츠들에서 수억, 수십억 원을 굴리는 트레이더들이 단기간에 엄청난 수익을 내는 경우를 많이 볼 수 있습니다.

그런데 이런 투자가 과연 우리에게 현명한 투자일까요?

결론부터 말씀드리면, 현명한 투자는 올바른 자산에 투자한 뒤 이를 장기 보유하는 것입니다. 암호 화폐 시장에서 호들(HODL) 이라 불리는 투자 방법입니다. 호들은 암호 화폐 커뮤니티에서 HOLD(잡고 있다)의 D와 L을 바꿔 사용되는 단어로 특정 암호 화폐를 장기 보유한다는 의미로 사용합니다.

당신은 전업 트레이더가 될 수 있는가?

여러분이 손쉽게 투자할 수 있는 투자처를 생각해 보죠. 우리는 지난 20년 미국 주식에 열심히 투자한 사람들이 높은 수익을 얻었을 것이라 예상할 겁니다. 실제로는 어땠을까요?

다음 차트는 여러분이 S&P 500에 2003년 1월부터 2022년 12월까지 1만 달러를 투자한 경우 이를 단순하게 장기 보유한 케이스와 최고의 퍼포먼스를 보인 날들을 놓친 경우의 비교입니다. 이 기간에 S&P 500을 계속해서 보유했을 경우 처음 넣어 둔 1만 달러는 6만 4,844달러로 불어 있죠. 약 548%의 수익률입니다.

그런데 만약 가장 높은 상승을 보인 10일을 놓쳤다면 여러분이 2022년 12월에 보유하는 자산은 2만 9,708달러로 크게 줄어듭니다. 수익률 역시 197%로 급락하죠. 여러분이 이 10일간 놓쳐 버린

단위: 달러

6만 4,844	3만 5,136	4만 7,018	5만 3,143	5만 6,796	5만 9,098	6만 639

최고의 10일 중 7일은 약세장에서 발생 ▼

2만 9,708

1만 7,826

1만 1,701

8,048

5,746

시장에서 가장 좋은 60일을 놓치면 투자 수익률이 93% 낮아짐 ▼

4,205

놓친 수익

| 매일 투자 | 최고의 10일을 놓칠 때 | 최고의 20일을 놓칠 때 | 최고의 30일을 놓칠 때 | 최고의 40일을 놓칠 때 | 최고의 50일을 놓칠 때 | 최고의 60일을 놓칠 때 |

출처: 비주얼캐피탈리스트

시장 타이밍에 드는 비용

수익은 3만 5,136달러에 달합니다. 2003년 1월부터 2022년 12월이면 약 20년, 365일을 곱하면 7,300일, 7,300일 중에 단 10일, 0.13%의 타이밍을 놓친 것만으로 약 5,000만 원이 날아간 것이죠. 좋은 자산을 캐치하고 열심히 돈을 넣어 둔 것을 생각하면 눈물이 나는 아쉬움입니다.

재미있는 점은 바로 최고의 10일 중 7일이 베어 마켓, 즉 하락장에 발생했다는 겁니다. 우리가 흔히 '데드 캣 바운스'라고 부르는 하락장 속 단기 반등을 캐치할 수 있었느냐가 수익률에 굉장히 큰 차이를 만들어 내는 것이죠. 실제 2020년에는 두 번째로 좋은 퍼포먼스를 낸 날이 두 번째로 안 좋은 퍼포먼스를 낸 날 바로 다음 날이기도 했습니다.

최고의 날 중 40일을 놓쳤다면 이제는 원금도 보전할 수 없습니다. 20년의 세월이 휴지 조각이 된 것이죠. 알뜰살뜰 모아 둔 1만 달러는 8,048달러로 여러분에게 돌아옵니다. 60일을 놓쳤다면 이제는 돈이 반토막도 넘게 줄어 버리죠. 계속 돈을 넣어 두었을 때 얻을 수 있는 6만 4,844달러의 약 6%에 불과한 금액입니다.

전업 트레이더가 아닌 이상 변동하는 시장에서 타이밍을 맞춘다는 것은 가능한 일이 아닙니다. 이게 가능하다면 그야말로 '돈 복사기'를 들고 있는 것과 마찬가지죠. 단기 트레이딩 자체를 부정하지는 않겠지만, 일상과 이런 트레이딩을 함께하는 것은 불가능에 가깝습니다. 단기 트레이딩이 개인 투자의 선택지가 되는 순간, 우리는 일상을 온전히 누리기가 불가능해집니다. 오르면 오른 대로, 내리면 내린 대로 여러분은 타이밍을 잡지 못했다는 것에 아쉬워하며 손해를 쌓아 갈 가능성이 높습니다.

이제 왜 호들이 최고의 투자 방법인지 이해하실까요? 매일같이 높은 변동성을 보이는 시장을 예측하는 것은 불가능합니다. 특히 암호 화폐 시장은 24시간 열려 있죠. 우리가 이 시장을 매 순간 지켜보며 타이밍만을 노릴 수 없습니다. 건전한 투자는 올바른 자산에 돈을 넣어 두고, 자신의 삶을 보내며 자산과 함께 성장해 가는 과정입니다. 투자를 위해 매 순간 시장에서 눈을 떼지 못한다면 우리는 절대 건전한 삶을 쌓아 갈 수 없습니다.

'최고의 날', 그날이 언제 올지 우리는 알 수 없습니다. 열심히 시드 머니를 모아 투자했는데, 잠깐 한눈을 팔아 그 순간을 놓치면 후회가 이루 말할 수 없겠죠. 그렇기에 호들, 끈기 있게 보유하는 것이 중요합니다. 대다수는 시장을 예측할 수 있다고 생각하지만, 이는 오직 자신의 투자를 위태롭게 하는 환상에 불과합니다.

그럼 우리는 어떤 자산에 투자하고, 눈 딱 감고 믿으며 하루하루를 열심히 살아가야 할까요? 우리의 20년 뒤 인생을 함께할 수 있는 자산은 무엇일까요? 그 자산은 바로 비트코인입니다. 비트코인이 왜 최고의 투자 선택이 될 수 있는지 함께 알아 가시죠.

06

현재의 시황이 아니라
미래를 보라

최근 미국 경제는 고금리와 고물가 상황에서도 소비의 강한 호조를 바탕으로 성장세를 유지하고 있습니다. 이런 성장은 노동 시장의 불균형 완화 추세와 맞물려 있습니다. 노동 공급이 확대되고 있지만, 취업자 수의 증가 폭이 줄어들며 실업률이 소폭 상승하는 현상이 나타나고 있습니다. 이와 동시에 물가 상황은 에너지 가격의 안정화, 상품 및 서비스 가격 상승률의 감소 등으로 점차 안정을 찾고 있습니다. 특히 자동차 가격과 주거비같이 이전에 급격한 상승세를 보였던 부분들의 가격 상승률이 낮아지고 있습니다.

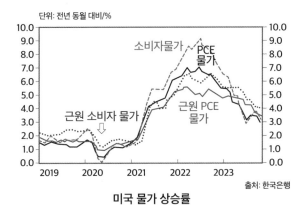

단위: 전년 동월 대비/%

미국 물가 상승률

출처: 한국은행

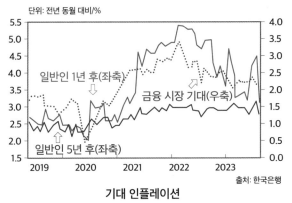

단위: 전년 동월 대비/%

기대 인플레이션

출처: 한국은행

결과적으로 물가 상승률(PCE(개인 소비 지출)) 기준이 3% 대로 하락했으며, 이전에 하방 경직적인 모습을 보였던 근원 PCE 물가의 상승세도 지속적으로 둔화되어 3% 중반으로 낮아졌습니다.

과거를 보면, 주식 시장은 2022년 11월 연준이 그간의 금리 상승 랠리 추세를 멈출 것이란 기대감과 함께 상승세를 이어 왔습니다. 2022년 11월 약 1만을 기록한 나스닥100 지수는 이후 랠리를 이어 2024년 1만 6,000까지 상승했죠. 이 모든 상승은 금리 인상이 멈출 것이란 기대만으로 이뤄졌습니다.

자, 그럼 우리가 마주하고 있는 미래는 어떤 모습일까요? 금융시장과 일반인 모두의 기대 인플레이션은 계속해서 낮아지고 있습니다. 실제 물가 추세도 점점 안정화되는 과정을 거치고 있죠. 투자 시장은 팬데믹 후 경기 안정을 위한 랠리가 멈출 것이란 기대만

국채 금리

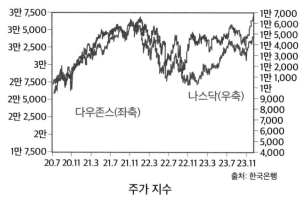

주가 지수

으로 높은 상승을 보였습니다. 우리 앞에 있는 미래, 이들은 실제 금리가 내려갈 것으로 기대하고 있죠. 즉 실제 금리가 하락하면서 기관과 개인 투자의 부담이 실제 줄어들고 신규 자금이 유입될 수 있는 미래를 기다리고 있다는 것입니다. 현재의 주가 지수는 3년 전인 2021년의 수준에 머물러 있습니다. 금리가 실제로 하락하는 순간 우리는 이 잃어버린 3년을 지나 새로운 성장의 가능성을 마주할 수 있을 겁니다.

불확실해지는 경제 속에서
해야 할 투자 선택

2024년 미국 경제는 통화 긴축의 누적 영향으로 잠재 성장률을 밑도는 성장세를 보일 것으로 예상됩니다. 팬데믹 이후 경제 재개 효과 소멸, 정책 금리 인상의 누적 효과, 재정 부양 효과 감소 등이 내수 부문에 영향을 줄 것입니다. 경제 성장은 여전히 불확실성이 높으며 상방 리스크와 하방 리스크가 혼재하는 상황입니다. 만약 노동 시장의 완화가 지속되면서 디스인플레이션이 빠르게 진행된다면 통화 긴축 기조가 조기에 종료되고 금리 인하로 더욱 신속하게 전환될 가능성도 있습니다.

2025년에 인플레이션의 감속 속도가 연방 준비 제도의 기대치에 미치지 못할 경우, 예상보다 제한적인 정책 기조가 길어질 가능성이 존재합니다. 또한 긴축 금융 및 신용 조건이 소비와 기업 투자에 미칠 부정적인 영향이 예상보다 커질 가능성도 고려해야 합니다.

물가 상승률은 상품 가격의 하락과 서비스 부문에서의 가격 상승 둔화로 인해 전반적으로 둔화될 것으로 보입니다. 구체적으로 상품 부문에서는 팬데믹 이후의 수요 정상화와 공급망의 개선에 힘입어 가격이 하락할 것으로 예상됩니다.

서비스 부문에서는 주거비 상승의 둔화가 계속되며, 경기 둔화에 따른 수요 감소와 노동 시장의 불균형 완화에 따른 임금 상승률의 둔화가 디스인플레이션 추세를 이어 갈 것으로 예측이 됩니다. 결국 2025년의 디스인플레이션 진전은 향후 경제 성장률의 둔화 정도와 노동 시장 불균형의 완화 속도에 크게 의존할 것으로 보입니다.

단위: 전년동기대비/%

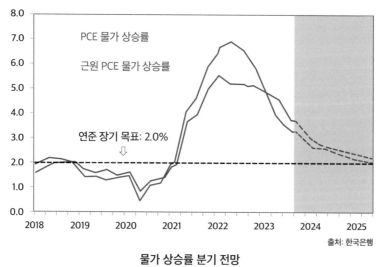

물가 상승률 분기 전망

단위: 연/%

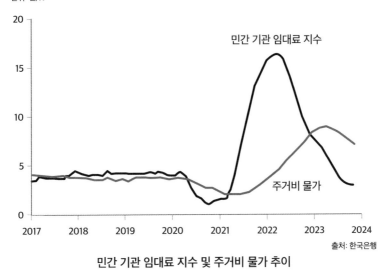

민간 기관 임대료 지수

주거비 물가

출처: 한국은행

민간 기관 임대료 지수 및 주거비 물가 추이

단위: 전년 동월 대비/%

	2023년 10월	2023년 말	2024년 말
근원 PCE 물가(100.0)	3.5	3.2	2.4
근원 상품(26.0)	0.3	0.1	-1.2
신차(2.4)	1.9	0.6	-1.7
중고차(1.5)	-7.1	-6.2	-5.5
의류·신발(3.1)	2.5	2.2	-0.1
기타 재화(10.0)	0.6	0.4	-0.6
근원 서비스(74.0)	4.6	4.3	3.5
주거비(17.5)	6.9	6.3	4.1
외식·숙박(8.4)	4.7	4.6	3.5
금융·보험(8.1)	4.6	4.2	3.2
의료(18.4)	2.6	3.0	3.3

출처: 한국은행

항목별 물가 상승률(근원 PCE 물가) 전망

미국 가계의 재정 상태는 전반적으로 안정적이지만, 가계 부채가 앞으로 소비 성장을 저해할 수 있는 잠재적인 위험 요소로 남아 있습니다. 현재 물가 상승률은 둔화되고 있으나 여전히 연방 준비 제도 이사회의 목표치를 초과하고 있습니다. 연준은 당분간 제한적인 정책 기조를 지속할 것이라 이야기하고 있습니다. 학자금 대출 상환 등이 시작되는 10월부터 저소득층과 취약 계층의 재정에 더 큰 부담을 주게 될 것입니다.

이런 상황에서 연준은 금리를 언제 낮출지 고민하고 있습니다. 최근 FOMC(연방 공개 시장 위원회)에서는 SEP(경제 전망 요약)의 근원 PCE 물가 상승률 전망이 2025년까지 하향 조정되었고, 연준 관계자들이 인플레이션 리스크를 낮게 평가하면서 인플레이션 완화에 대한 연준의 확신이 강화되었습니다. 이에 따라 연준은 경기 연착륙을 전망하면서도 2024년 중 75bp의 금리 인하를 통해 긴축을 완화할 방침입니다.

점도표를 보면 연준은 계속해서 기준 금리를 인하할 계획입니다.

2024년 3월 FOMC 후 기자 회견에서 파월 의장의 "인플레이션 하락 추세는 여전하며, 노동 시장이 강하다고 금리 인하를 미룰 이유가 없다. 경기 호조와 인플레이션은 별개의 문제다"라는 발언은 예상보다 비둘기파적으로 평가되기도 했죠. 이는 연준이 경기 과열을 신중히 접근하기보다는 금리 인하를 통해 적극적으로 경제를 지원하려는 의지를 보인 것으로 해석됩니다.

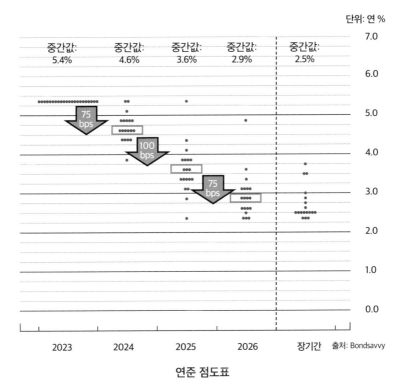

단위: 연 %

| | 중간값: 5.4% | 중간값: 4.6% | 중간값: 3.6% | 중간값: 2.9% | 중간값: 2.5% |

연준 점도표

2023   2024   2025   2026   장기간   출처: Bondsavvy

금리가 하락하면 투자 시장은 호조를 띠게 됩니다. 기업들의 신규 사업, 개인들의 투자 부담이 크게 줄어들죠. 우리가 지금 미래를 위한 투자를 고민해야 하는 이유입니다.

07

기업이 경쟁할수록
비트코인은 오른다

───────── ₿ ─────────

'평범한 투자'로 우리가 성공할 수 없다는 것을 통계와 수치를 통해 보여드렸습니다. 우리에게 필요한 것은 〈포레스트 검프〉 속 중위가 갖춘 '세상을 보는 인사이트'입니다. 실제 주식 시장을 들여다보죠. 2023년 기술주들의 랠리는 주식 시장을 뜨겁게 달군 이슈였습니다.

S&P 500이 20년 평균 약 9.5%의 상승률을 보였다고 말씀드렸죠? 2023년에는 더욱 좋은 수익률을 보였습니다. 골드만삭스가 2023년 6월 집계한 S&P 500의 연중 수익률은 11%였죠. 1년이 절

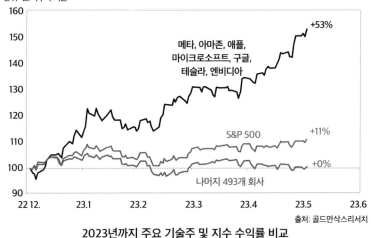

메타, 아마존, 애플,
마이크로소프트, 구글,
테슬라, 엔비디아

+53%

S&P 500 +11%

+0%

나머지 493개 회사

출처: 골드만삭스리서치

2023년까지 주요 기술주 및 지수 수익률 비교

반도 지나지 않아 과거의 평균 수익률을 훌쩍 웃돈 것입니다. 여기서 주목할 점은 바로 매그니피센트7이라 불리는 7개 빅테크 기업의 수익률입니다.

매그니피센트7은 메타, 아마존, 애플, 마이크로소프트, 알파벳, 테슬라, 엔비디아를 합쳐 부르는 이름입니다. 세계 기술 산업을 이끌고 있는 미국 내 7개의 빅테크 기업을 의미하죠. 이들은 S&P 500이 11% 오르는 기간 동안 53% 급등하는 기염을 토했습니다.

다시 주목할 부분은 이 매그니피센트7을 제외한 나머지 주식들의 수익률입니다. S&P 500을 구성하는 기업들 중 이 7개 기업을 제외한 493개 기업의 수익률은 같은 기간 0%, 사실상 지수를 만드는 1.4%의 7개 기업이 모든 상승을 만들었다고 말해도 과언이 아니죠.

우리는 여기서 통계의 함정을 알 수 있습니다. S&P 500에서 적당히 골라 포트폴리오를 만들면 11% 수익률(여전히 부족하지만)은 얻을 줄 알았는데, 그게 아니라 98.6%의 확률로 수익률이 0%였다는 것입니다. 미국 경제도 인플레이션으로 골머리를 앓고 있는 상황, 좋은 기술에 투자하지 않았더라면 우리가 열심히 모은 돈은 그야말로 증발하고 있었던 겁니다.

평범한 투자는
성공할 수 없다

좋은 투자란 무엇인가 다시 한번 생각해 봅시다. 2023년 주식 시장의 상승을 이끈 기업들을 다시 떠올려 보세요. 이들을 2023년 연중 수익률로 나열하면 엔비디아, 메타, 테슬라, 아마존, 알파벳, 마이크로소프트, 애플의 순서입니다. 이들은 모두 공통의 기술 테마를 갖고 있죠. 이 7개 기업이 모두 부르짖을 수 있는 바로 그 주제는 인공 지능(AI)입니다.

엔비디아, 말할 것도 없이 인공 지능 테마의 최고 수혜주입니다. 인공 지능 개발을 향한 경쟁이 치열해지며 매출과 수익이 폭발적으로 증가했고, 사실상 지금 그래픽 처리 장치(GPU)를 독점하다시피 한다는 이야기도 이어지고 있죠.

여러분이 만약 지난 2023년 1월 1일 엔비디아에 투자한 뒤 1년을 조용히 들고 있었다면, 그 수익률은 233.4%에 달합니다. 최고의 주식이라 불리는 매그니피센트7을 보유하는 것보다 4배 이상의 수익률을 얻을 수 있었다는 사실입니다.

엔비디아가 이런 압도적인 수익률을 얻을 수 있었던 것은 바로 2023년 시장을 불태웠던 인공 지능 메타의 핵심 기업이었기 때문입니다. GPU는 생성형 AI 시대의 기반이기 때문에 '인공 지능 시대의 금'으로까지 불리죠. 메타, 테슬라, 아마존, 알파벳, 마이크로소프트, 애플 모두 인공 지능 기술 개발로 주목받는 기업이었다면 엔비디아는 이 기술 개발의 기반이 될 수 있는 GPU 생산의 핵심 기업입니다.

챗GPT의 등장과 함께 우리는 인공 지능 시대가 우리 앞에 펼쳐질 것임을 직감할 수 있었습니다. 하지만 이 기술의 등장과 엔비디아를 연관 짓고 투자에 성공한 이들은 시장에 많지 않겠죠. 우리는 세상의 변화를 보며 이 변화가 우리 앞에 어떤 세상을 펼쳐 갈지를 고민하고 알아야 합니다.

엔비디아가 급등할 수 있었던 이유는 이들이 보유한 경제적 해자 덕분이었습니다. 긴 시간 쌓아 온 기술력으로 높은 성능의 GPU를 만들어 낼 수 있었으며, 이 기술을 활용할 수 있는 생산 기반 역시 단기간에 확보할 수 있는 것이 아니죠. 엔비디아를 놓친 우리는 이제 다음 사이클을 고민해야 하는 시점에 와 있습니다. 계속해서 더 많은 수요가 발생하고, 그 공급이 손쉽게 늘어날 수 없어 시장 희소성을 유지할 수 있는 투자처죠. 만약 어떤 자산이 무한히 생산될 수 있다면, 이 자산은 절대 좋은 자산이 될 수 없습니다. 만병통치약도 지천에 널려 있는 순간 그저 약초가 되죠.

인플레이션의 시대, 자산의 가치는 계속해서 하락합니다. 우리에게 필요한 것은 이 가치 하락을 벗어날 수 있는 테크의 발견, 수요 공급의 원칙에 따라 가치가 유지될 수밖에 없는 무언가입니다. 이를 만족하는 좋은 투자처는 바로 제한된 공급량과 높은 생산 난이도, 계속해서 그 신뢰와 기반을 확대해 가는 비트코인 같은 대상이죠.

"비트코인은 망한다!"

그렇게 많은 이가 큰 소리로 외쳐 왔지만 비트코인은 눈부신 성장을 이어 왔습니다. 10년 전의 오늘, 5년 전의 오늘, 1년 전의 오늘을 생각해 보세요. 이 세상 속 비트코인을 향한 믿음은 하루하루 강해지고 있습니다. 즉 비트코인을 향한 수요가 계속해서 성장하고 있는 것입니다. 최근에는 글로벌 투자사들 역시 포트폴리오에 비트코인을 추가하고 있기도 합니다.

이렇게 수요가 증가하는 비트코인의 공급은 반대로 계속해서 줄어듭니다. 처음 한 블록이 채굴될 때 비트코인 채굴 보상이 50개였습니다. 그다음에는 25개, 그다음에는 12.5개, 그다음에는 6.25개의 비트코인이 채굴됐죠. 2024년 4월의 반감기 이후 블록당 채굴되는 비트코인 수익은 3.125개에 불과합니다. 블록당 비트코인의 공급량이 2008년 첫 비트코인이 채굴된 후 94%가 줄어든 것이죠.

만약 이 세상 무언가가 무한히 생산될 수 있다면, 수요를 아득히 넘어 생산될 수 있다면 이는 절대 좋은 투자처가 될 수 없습니다. '가치'는 결국 모두가 이를 갖고 싶어 함에도 가질 수 없기에 생겨납니다. 더 많은 이가 갖고 싶어 하고 이를 소유하기가 어려워질수록 가치가 높아지기 때문이죠.

자, 비트코인의 공급이 제한된 것은 이해했습니다. 그럼 왜 이 비트코인의 수요가 올라갈 것이라 생각할 수 있을까요?

08

100만 달러 간다는
비트코인 전망의 근거

─────────── ₿ ───────────

비트코인 가격은 처음 마주하는 이들이 느끼기엔 롤러코스터와 같은 경험입니다. 이런 변동성은 비트코인을 향한 투자자의 관심을 계속해서 높여 왔고, 이는 엄청난 수익이라는 기회와 동시에 위험이 공존하는 드라마틱한 거래로 만들어 가고 있죠.

하지만 시장이 흐르면서 비트코인의 변동성이 감소하고 있습니다. 이는 더 큰 안정성을 향한 진전을 의미합니다. 우리는 모두 미래 비트코인 시장의 변동성이 과거만큼 크지 않을 것으로 생각하죠. 비트코인이 '디지털 금'으로 자리 잡으면 그 시가 총액은 우리의 상상을 초월할 것입니다. 비트코인은 금의 한계를 넘어선 유동적이고 역동적인 디지털 자산으로서의 가능성을 제시하며, 이는 비트코인이 목표할 수 있는 시장 규모가 100조 달러에서 200조 달러에 이를 수 있음을 의미합니다.

가상의 시나리오를 그려 보죠. 비트코인이 시가 총액 10조 달러에 도달하여 비트코인당 50만 달러의 가치를 지닌다면, 이는 무엇을 의미할까요? 더 나아가 비트코인 네트워크가 100조 달러 평가액을 이루며 비트코인당 500만 달러의 가치를 실현한다면 우리는 비트코인이 기존의 부동산, 채권, 전통 금융 자산들을 뛰어넘어 최고의 자산 형태로 우뚝 서는 순간을 목격하게 될 것입니다.

아크 인베스트의 비트코인
세 가지 시나리오

'돈나무 언니' 캐시우드를 아시나요? 캐시우드는 공격적인 기술 투자로 미국에서 주목을 받은 운영사 아크 인베스트의 CEO입니다. 그녀가 운영하는 아크 인베스트는 매년 세계 시장을 이끌 기술 섹터를 다루는 보고서를 발표하죠. 아크 인베스트의 'BIG IDEAS 2023'에 따르면 비트코인의 미래가 그 어느 때보다 밝습니다.

"중앙 집중화 금융 시스템으로 인한 세계 경제 불안은 비트코인의 미래를 더욱 밝게 만들었다. '분산화, 감사 가능성, 투명성' 같은 비트코인의 가치는 더욱 중요시되며, 그 보유자 기반이 계속해서 강화되고 있다."

-아크 인베스트 비트코인 분석 중

비트코인 현물 ETF의 출시 전 2023년 전망 가격이 무려 100만 달러에 이를 수 있다는 예측을 전했죠. 당시 비트코인 가격은 2만 달러 초반, 현재 비트코인 가격은 약 7만 달러입니다. 허황된 미래라 생각될 수도 있지만, 비트코인의 과거를 돌아보면 불가능한 이야기만은 아닙니다.

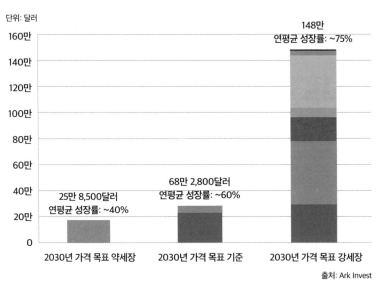

2030년 비트코인 가격 목표

아크 인베스트는 비트코인의 전망에 따른 세 가지 가격 시나리오를 제시했습니다. 2022년 12월 31일부터 2030년 12월 31일까지 가격 상승이 가장 적은 약세 상황에서조차 이들의 전망치는 2024년 대비 3배 넘게 오른 25만 8,500달러에 달합니다. 기본 시나리오에서는 62만 2,800달러, 긍정적인 시나리오에서는 무려 148만 달러에 도달할 것으로 전망하죠.

이들의 전망은 자체적인 모델링에 기반을 둡니다. 굉장히 많은

비트코인 이용 사례	보급률		
	약세	기준	강세
기업의 자금 시장 규모: 현금&등가물	0%	2.5%	5%
송금 자산 시장 규모: 국제 송금량	5%	10%	25%
국가 자산 시장 규모: 국제 국채 보유량	0%	1%	5%
신흥국 통화 시장 규모: 상위 4개 외의 M2 기준	0.5%	3%	10%
경제 정착망 시장 규모: 미국 은행 정착량	1%	5%	10%
압류 저항 자산 시장 규모: 국제 고소득 개인의 부	1%	3%	5%
기관 투자 시장 규모: 기관 자산 기반	1%	2.5%	6.5%
디지털 금 시장 규모: 금 발행 주식의 시가 총액	20%	40%	50%

출처: Ark Invest

가격 목표 가설

가정에 기반을 둔 모델링이지만, 충분히 설득력 있는 이야기를 하고 있죠. '기관 자산 포트폴리오, 국고 보유, 신흥국 화폐, 디지털 골드' 같은 비트코인이 글로벌 시장에서 할 수 있는 역할들에 기반을 둬서 기존 이 시장의 비중 중 어느 정도를 이끌어 올 것이냐에 그 가치가 결정되는 구조입니다. 기관 투자자들은 자산의 1%에서 6.5%가지를 비트코인으로 구성할 수 있죠. 최근 비트코인 현물 ETF의 출시 등을 고려하면 아주 허황된 이야기만은 아니라는 것을 알 수 있습니다.

아크 인베스트가 제시하는 비트코인의 가장 큰 성장 동력은 바로 금시장의 대체입니다. 금은 현재 안전 자산으로서 글로벌 투자자들에게 많은 사랑을 받고 있습니다. 아크 인베스트는 비트코인이 그 보장된 희소성과 손쉬운 운용성에 기반을 두어 금시장의 최대 50%를 대체할 것으로 전망합니다. 금의 2024년 시가 총액은 약 15조 달러, 비트코인의 시가 총액은 약 1조 4,000억 달러입니다. 비트코인이 현재 가격에서 약 5배가 돼야 금시장의 50%를 차지할 수 있고, 이때 비트코인의 가격은 약 35만 달러에 달합니다.

이런 분석에 우리가 할 수 있는 전망은 비트코인이 기존 투자 자산들의 역할을 계속해서 흡수하고 있다는 것입니다. 그리고 이는 단순히 기대감이 아니라 투자 시장에서의 비트코인의 역할에 기반을 두고 제시되는 내용이죠.

"온체인상에서 토큰화된 금융 자산의 가치는 계속해서 상승하고 있고, 분산화 앱과 네트워크는 2023년까지 시장 가치가 5조 달러까지 상승할 수 있을 것으로 전망된다."

-아크 인베스트 블록체인 분석 중

단순한 가치 저장 수단을 넘어, 비트코인은 경제적 활동의 새로운 지평을 열며 우리에게 더 넓은 경제적 자유 가능성을 제시합니다. 여러분이 이 잠재력을 믿고 그 가능성에 투자할 준비가 되어 있다면 비트코인은 여러분에게 새로운 경제적 기회를 선사할 것입니다. 이 세상 속 비트코인의 역할을 이해하고 공감할수록 여러분께 더욱 쉬운 길이 되겠죠.

PART 2

지금 살 비트코인을 다음으로 미루지 마라

· 비트코인 투자 전략 ·

—
모든 사람은 그들이 받을 만한 합당한 가격에
비트코인을 가질 수 있다.

마이클 세일러(마이크로스트레티지 CEO)

09

비트코인을 장기 보유 해야 하는 이유

비트코인 투자에 대해 말할 때 빼놓을 수 없는 용어가 있습니다. 바로 '호들(HODL)'입니다. 이는 비트코인을 장기 보유하는 전략을 가리키는 대명사인데요. 비트코인 투자자들은 왜 이리 비트코인을 장기 보유하라고 말하는 것일까요?

비트코인은 급격한 가격 변동성으로 유명합니다. 변동성은 투자에 대한 불안을 높이는 동시에 매력적인 투자 기회로 인식되죠. 비트코인 가격의 들쭉날쭉함은 투자자들이 자신의 투자 전략을 고민해야 하는 이유이기도 합니다. 우리는 비트코인 반대 의견과 지지

의견을 비교해 봄으로써 왜 장기 보유가 좋은 전략인지 알 수 있습니다.

암호 화폐 시장의 황소와 곰

암호 화폐 시장은 지속적으로 해킹과 스캔들, 범죄와 연관된다는 부정적인 이미지에 시달려 왔습니다. 과거의 다크 웹 비트코인 사건부터 최근 FTX 거래소 스캔들은 비트코인을 다양한 논란의 중심에 서게 만들었죠. 이런 사건들은 비트코인을 불안정하고 위험한 투자로 인식시키는 데 일조했습니다. 세계 각국의 규제 기관과 경제학자들은 공개적으로 비트코인을 비판하며 이에 대한 규제를 강화하라고 요구해 왔습니다. 이런 비판은 정부가 암호 화폐에 대한 법적 보호를 주저하게 만들고, 각국이 암호 화폐 규제 법안을 강화하는 근거가 됐습니다. 한때 이런 움직임들이 비트코인이 사라질 것이라는 견해를 더욱 강하게 만들었죠.

비트코인 거래에 따른 높은 수수료도 대중적 수용을 저해했으나, 최근 네트워크 업그레이드를 통해 이런 문제가 상당 부분 개선되었습니다. 라이트닝 네트워크와 탭루트 같은 기술 발전이 비트코인의 확장성 문제를 해결하려고 시도하고 있지만, 이런 솔루션이 아직 널리 채택되지 않은 점은 비관론자들이 비트코인이 결제 수단이 될 수 없다는 의견을 유지하는 이유 중 하나입니다.

반면 비트코인의 가치와 장기적인 성장 가능성에 대한 낙관적인 시각은 주로 그 역사와 시장 변동성에 근거합니다. 비트코인은 과거에도 큰 폭의 가격 변동을 겪었지만, 시간이 지남에 따라 꾸준히 회복하며 상승세를 보여 왔습니다. 이런 역사적 추세는 비트코인에 대한 긍정적인 전망을 뒷받침하는 강한 증거로 여겨집니다. 대기업들의 증가하는 관심과 참여도 비트코인에 대한 강력한 상승 신호로 작용합니다. 구글, 메타, X(전 트위터) 같은 글로벌 기업들은 이미 암호 화폐 시장 진출을 고민하고 있으며, 일부 기업들은 이미 암호 화폐 결제를 도입했습니다.

정부와 규제 기관의 태도 변화 역시 비트코인의 가능성을 높이는 데 기여하고 있습니다. 미국 시장의 비트코인 현물 ETF 승인은 이 생태계에 더 많은 유동성을 제공하고, 암호 화폐 투자자들이 지속적인 압력으로 규제 완화를 만들어 내고 있습니다. 비트코인 반감기 같은 긍정적인 내러티브도 투자자들이 주목하는 이유가 되죠. 수년마다 반복되는 반감기로 채굴 보상은 절반으로 줄며 희소성이 증가하고, 이는 가격 상승을 이끄는 중요한 메커니즘으로 작동합니다. 비트코인 강세론자들은 과거의 역사를 비트코인 랠리의 근거로 판단하고 있습니다.

암호 화폐 시장에서 비트코인 가격이 이전 추세와 패턴을 따르며 상승할 것이라고 주장하는 긍정론자들은 '황소'로 불리며, '곰'으로 불리는 비판론자들은 비트코인과 관련된 부정적인 여론, 규제 문제, 스캔들을 근거로 들어 비트코인을 보유하지 않아야 한다고 주장합니다.

두 집단의 핵심 논리는 한 방향으로 강화되고 있습니다. 곰들의 근거는 계속해서 약해지고 있으며, 황소들의 근거는 점차 현실이 되고 있죠. 하지만 이들의 이야기는 여전히 비트코인에 대한 여러분의 믿음을 약해지게 만듭니다. 비트코인을 공부하시고, 이해하시고, 여러분 각자의 논리를 만드세요. 그리고 그 논리가 옳다고 믿으신다면, 단기적인 변동성이 아닌 비트코인과 돈의 미래를 믿고 그 수를 늘려 나가는 것이 성공적인 비트코인 투자의 방법입니다.

10
비트코인과 알트코인
제대로 알기

암호 화폐 트레이더나 투자자들은 '알트코인(Altcoins)'이라는 용어를 자주 접합니다. 현재 암호 화폐 시장에서 알트코인이 1만 종을 넘기도 하죠.

알트코인이란 무엇일까요? 알트코인은 '대안(Alternative)'과 '코인(Coin)'의 합성어로, 비트코인을 제외한 모든 암호 화폐를 일컫는 말입니다. 알트코인과 비트코인은 여러 면에서 유사합니다. 두 암호 화폐 모두 온라인 거래나 상품에서 결제 수단으로 사용될 수 있는 개인 대 개인(Peer-to-Peer) 시스템이죠. 비트코인이 처음으로 개발된 블록체인 기반의 디지털 통화라면, 알트코인은 그 이후에 나온 다양한 기능과 목적을 가진 암호 화폐들을 의미합니다.

이더리움은 스마트 계약 기능을 통해 더욱 복잡한 트랜잭션을 가능하게 합니다. 리플은 국제 금융 거래에 특화된 구조로 빠르고 저렴한 해외 송금을 목표로 하죠. 월드코인 같은 암호 화폐는 블록체인을 활용한 전 세계 보편 소득을 목표하는 프로젝트입니다. 이처럼 각 알트코인은 비트코인과는 다른 고유의 기술적 특성과 개발 목표를 갖고 있습니다.

알트코인은 독특한 용도와 서비스를 제공할 수 있지만, 비트코인은 가치 저장 수단으로 여겨집니다. 알트코인은 비교적 새로운 기술이고 그 시가 총액이 낮아 가격 변동성이 상대적으로 크고, 비트코인은 상대적으로 변동성이 적습니다. 비트코인은 안정성과 인지도를 제공하는 반면, 알트코인은 혁신의 기회와 더 큰 보상 가능성을 제공합니다.

여러분이 비트코인과 알트코인에 대한 투자 결정을 내리기 위해서는 각각의 장점과 단점을 고려해야 합니다. 투자자나 트레이더로서 이 두 가지의 차이점을 이해하는 것은 투자 전략을 세우는 데 중요한 역할을 합니다. 암호 화폐 시장에서는 암호 화폐 시가 총액 중 비트코인의 비중(도미넌스)이 높아질 경우 알트코인을 구매하는 전략이 존재하기도 하는데요. 암호 화폐에 투자하고 싶다면 관련 기사나 리서치를 참고하여 각 암호 화폐가 어떤 문제를 해결하

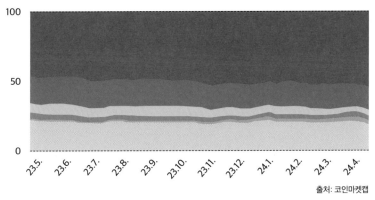

단위: 연월/%

출처: 코인마켓캡

암호 화폐 시장 비트코인 도미넌스

고자 하는지, 그리고 그 기술적 잠재력이 무엇인지를 학습하시는 것을 추천드립니다.

비트코인과 알트코인의 증권성 논쟁

암호 화폐 생태계를 보시며 주목하셔야 하는 이슈에는 증권성 이슈가 있습니다. 비트코인은 현물 ETF 승인을 통해 이 이슈에서 벗어났지만, 알트코인은 여전히 이런 논란에 주의해야 하죠. 상품 은 교환될 수 있는 기본적인 재화로 대개 다른 상품이나 서비스를 생산하는 데 사용되는 원자재입니다. 반면 증권은 금전적 가치를 가진 거래 가능한 금융 도구를 설명합니다. 두 자산 모두 트레이더가 매매할 수 있는 자산이지만, 증권은 상품보다 훨씬 엄격한 규제 감독을 받습니다. 주식과 채권 같은 증권을 발행하는 회사는 투자자들에게 자세하고 투명한 정보를 제공해야 합니다.

한편 상품은 덜 엄격한 보고 요구 사항을 받습니다. 기존 시장에서 상품과 증권 사이의 구분은 명확해 보입니다. 하지만 새로운 자산인 암호 화폐의 경우 이 분류는 모호해지죠. 여러분의 관점에 따라 암호 화폐는 상품으로도, 증권으로도 간주될 수 있습니다. 이 논쟁이 어떻게 결론이 나는지에 따라 암호 화폐의 미래에 큰 영향을 미칠 수 있습니다.

상품은 보통 다른 제품을 만드는 데 사용할 수 있는 유형의 제품이나 원자재를 말합니다. 석유와 가스 같은 에너지 상품뿐만 아니라 금과 은 같은 금속이 포함되며 곡물, 가축, 면화 같은 농업 제품도 상품에 포함됩니다.

상품은 현물 시장에서 바로 거래될 수도, 선물과 옵션 같은 파생 상품 시장을 이용하여 거래될 수도 있습니다. 이런 거래는 대부분 농업 제품에 의존하는 식품 제조사, 금속을 사용하는 공업 기업 사이에서 이뤄집니다.

그러나 일반 투자자들 역시 다양한 포트폴리오의 일환으로 상품에 일정 부분 투자하는 것이 권장됩니다. 이는 상품이 주식이나 채권 같은 다른 자산과 낮거나 음의 상관관계가 있어, 금융 시장의 다른 영역이 어려움을 겪을 때 종종 좋은 성과를 내기 때문입니다. 또한 상품은 인플레이션에 대비하는 도구로서도 투자자들에게 유용할 수 있습니다.

반면 증권은 기업이나 정부가 자본을 조달하기 위해 발행하는 유가 증권입니다. 주식과 채권 그리고 상호 기금과 거래소 거래 펀드(ETF) 같은 상품을 포함하죠. 증권은 일반적으로 소유권 지분(기업의 소유권을 나타내는 권리), 채무(정기적으로 상환되는 대출) 또는 이 둘의 혼합 형태를 나타낼 수 있습니다. 증권의 정의는 매우 넓으며 법적 해석에 따라 달라질 수 있습니다.

1946년 하우이(Howey) 사건에서 미국 법원은 농지 판매 및 서비스 계약이 증권을 나타낸다고 판단했습니다. 이 판결은 투자 상품이 증권으로 규제될지 여부를 결정하는 기준 '하우이 테스트'를 만들었습니다. 이 테스트에 따르면 공동 기업에 대한 금전적 투자가 다른 사람의 노력에 의해 이익을 기대하는 경우 그 계약은 증권의 요건을 충족합니다. 기업이나 정부 기관이 공개적으로 자본을 모집하기 위해 증권을 발행할 때는 미국 증권 거래 위원회(SEC)가 정한 엄격한 보고 요건을 준수해야 합니다. 이런 규칙은 증권 시장의 투명성을 보장하고 투자자가 정보에 입각한 결정을 내릴 수 있도록 필요한 모든 정보에 접근 가능하게 설계되었습니다.

원자재와 증권 사이의 근본적인 차이는 거래되는 대상에 있습니다. 원자재는 기본적인 상품으로서 거래나 교환될 수 있는 반면,

증권은 공통 기업에 대한 소유권을 가지거나 이익을 목적으로 신용을 제공하는 것을 말합니다. 이런 차이는 각각의 시장을 감독하는 규제 기관 및 제도에서도 명확히 드러납니다. 일반적으로 원자재 시장은 상대적으로 덜 엄격한 CFTC(미국 상품 선물 거래 위원회)의 감독을 받는 반면, 증권은 더 엄격한 규제와 집행 정책을 요구하는 SEC의 감독 아래 있습니다.

암호 화폐는 기존 자산 분류 체계에 도전하고 있습니다. 전통적으로 자산은 원자재인 상품과 수익을 창출하는 공동 사업에서 파생되는 금융 수단인 유가 증권으로 분류됩니다. 암호 화폐가 상품으로 분류될지, 아니면 유가 증권으로 분류될지에 대한 명확한 결정은 규제 프레임워크에 광범위한 영향을 미치고, 암호 화폐의 미래를 형성하는 중요한 요소가 됩니다. 상품으로 분류된다면 주로 가격 변동성을 바탕으로 거래되는 자산으로 보고, 유가 증권으로 분류된다면 그 가치는 공동 사업에서 발생하는 수익의 기대치와 연결됩니다. 이런 분류의 차이는 암호 화폐에 적용되는 규제의 강도와 유형을 결정짓게 되며, 투자자 보호와 시장의 안정성을 위한 정책에 직접적인 영향을 줍니다.

암호 화폐의 증권성 논쟁은 단순 학문적인 문제가 아니라 실질적인 금융 활동과 글로벌 경제에 중대한 파장을 일으킬 수 있는 실질적인 이슈입니다. 만약 어떤 암호 화폐가 증권으로 판단된다면 유사한 다른 암호 화폐들도 증권으로 판단될 가능성이 높고, 이는 암호 화폐 가격 폭락으로 이어질 수도 있죠.

현재 비트코인은 현물 ETF 출시와 함께 증권성 논란을 벗어났습니다. 하지만 다른 알트코인들에게는 여전히 증권성 해결이 숙제로 남아 있는 상황입니다. 만약 이들이 증권으로 판단된다면 이들이 지켜야 할 규제와 기준은 더욱 강해지고, 현재 운영하고 있는 프로젝트 대부분이 적절히 대응하기 어려울 수 있습니다.

11

암호 화폐는
증권일까, 상품일까?

─────── ₿ ───────

디지털 자산, 특히 암호 화폐의 분류 문제는 전통적인 자산인 금이나 석유, 주식 및 채권과 비교했을 때 그 경계가 더욱 모호해집니다. 암호 화폐가 상품인지 증권인지에 대한 논의는 아직 결론이 나지 않았으며, 이 문제의 복잡성으로 인해 모든 암호 화폐에 일괄적으로 적용할 수 있는 단일 해결책을 제시하기는 어렵습니다. 일부 암호 화폐들은 전통적인 상품과 유사한 특성을 보이는 반면, 일부는 증권으로 간주될 수 있는 근거가 있죠.

암호 화폐를 어떻게 분류하느냐는 미래 디지털 자산의 규제 방식과 암호 화폐 산업의 미래를 결정짓는 중대한 영향을 미칠 것입니다. 현재는 암호 화폐의 정체성과 그 법적 지위에 대한 명확한 정의가 필요한 시점이며, 미국 증권 거래 위원회가 그렇게 긴 소송전을 하며 암호 화폐를 증권의 영역으로 넣고자 노력하는 상황입니다.

암호 화폐 산업의 주요 인사들과 지지자들은 암호 화폐가 엄격한 규제를 받는 증권과는 다르게 상품처럼 간주되어야 한다고 주장합니다. 이들의 관점에서 보면, 암호 화폐는 금과 같은 상품과 유사하게 가치 저장 수단으로 사용됩니다. 투자자들은 가격 변동을 통해 이익을 얻기를 기대하며 암호 화폐 자산을 매입하는데, 이는 암호 화폐가 상품과 유사한 방식으로 작동한다는 것을 반영합니다.

상품, 예를 들어 석유와 같은 에너지 자산, 금과 같은 귀금속, 쌀이나 감자 같은 농산물은 공동 기업에 투자하고 다른 사람들의 노력으로 이익을 얻는 것을 포함하지 않기 때문에 증권으로 간주되지 않습니다. 이런 상품들은 단순히 물리적 자산의 거래에 기반하며, 투자자들은 시장의 수요와 공급 변동에 의한 가격 변화부터 이익을 추구합니다. 따라서 이는 특정 기업의 경영 성과나 개인의 노력에 직접적으로 의존하지 않으며, 이런 특성 때문에 전통적인 증권과는 구분됩니다.

암호 화폐 옹호자들은 일반적으로 디지털 자산을 증권으로 분류

할 때 도입될 수 있는 엄격한 규제에 대해 반대합니다. 그러나 암호 화폐가 증권 규정에 따라 관리된다면, 이는 더 넓은 범위의 투자자들에게 암호 화폐를 더 매력적으로 만들 수도 있습니다.

특히 암호 화폐 시장의 일부 요소들은 증권의 정의에 가깝게 연결되어 있습니다. 예를 들어 블록체인이나 암호 화폐 관련 회사가 초기에 코인 공개(ICO)를 통해 자본을 조달할 때, 투자자들이 암호 화폐 프로젝트에 참여한 후 수익의 일부를 얻을 수 있는 디지털 코인을 발행합니다. ICO는 기업이 공개 시장에 주식을 상장하기 위해 사용하는 기업 공개(IPO)와 유사합니다. 이런 사례는 ICO 역시 비슷한 방식으로 증권으로 규제되어야 한다는 주장의 근거가 됩니다.

SEC가 대부분의 암호 화폐를 증권으로 간주하는 이유

미국 증권 거래 위원회는 이더리움(ETH)을 포함한 대부분의 암호 화폐를 왜 증권으로 간주하는지에 대한 몇 가지 주된 이유를 다음과 같이 제시하고 있습니다.

1. ICO(Initial Coin Offering)
이더리움을 비롯한 많은 암호 화폐 프로젝트들이 개발을 지원하기 위해 ICO를 통해 자본을 조달했습니다. ICO는 투자자들이 법정 화폐를 암호 화폐 토큰과 교환하는 방식으로, 기업이 IPO(기업공개)를 통해 대중에게 주식을 판매하는 것과 유사합니다. 또한 ICO를 통해 조달된 자금은 개발팀이 수령하며 이는 투자자들이 향후 토큰 가치 상승(수익)을 위한 개발팀의 활동에 기대했다는 점을 의미합니다. 비트코인은 ICO를 진행하지 않은 몇 안 되는 암호 화폐 중 하나이며, 이더리움은 역사상 가장 성공적인 암호 화폐 ICO 중 하나를 진행했습니다.

2. 투자자 대상 판매

암호 화폐는 인터넷상에서 교환 수단으로 사용될 수 있는 디지털 화폐로 마케팅되지만, 대부분의 사람들은 토큰의 가격 상승을 기대하며 암호 화폐를 구매합니다. SEC는 암호 화폐가 실질적으로 증권과 유사하게 작동한다며 '유틸리티 토큰'으로 부르는 것만으로는 그것이 증권이 되지 않는다는 것을 막을 수 없다고 언급했습니다.

3. 개발팀의 존재

암호 화폐 프로젝트를 기업체가 관리하지 않을 수도 있지만, 다수 암호 화폐는 소수 개발자들이 대량의 토큰을 보유하고 있으며, 이들은 자신의 암호 화폐 보유 가치를 증가시키기 위해 노력할 동기를 가질 수 있습니다. 결국 이는 프로젝트 성공 여부가 개인들에게 달리게 되고, 전체적인 네트워크 가치가 이들의 활동에 좌우되는 상황을 초래합니다.

여러분의 생각은 어떠실까요?

12
비트코인 거래소
직접 구매

비트코인 같은 암호 화폐 투자는 복잡해 보일 수 있지만, 은행 계좌가 있는 모든 사람이 간단한 절차를 통해 암호 화폐 거래소에 가입하고 손쉽게 이를 구매할 수 있습니다. 법정 화폐를 암호 화폐로 바꾸는 가장 기본적인 방법, 거래소를 통해 비트코인을 구매하는 방법이죠. 이 방법이 가장 직관적이며 디지털 자산 세계로의 첫걸음을 내딛는 이들에게 적합합니다.

암호 화폐 투자는 단순히 재정적 이득을 넘어 미래 인터넷을 꿈꾸는 블록체인 기술, 디지털 경제에 적극적으로 참여하고 새로운 기술 발전에 기여하는 방법입니다. 암호 화폐 생태계에서 우리는 모두 초기 기업의 투자자가 될 수 있고, 그 미래를 고민하고 공부해 더 높은 수익률을 얻어 낼 수 있죠.

최근 국내 은행들도 암호 화폐 투자를 위한 접근성을 높이고 있습니다. 국내 거래소들은 각각 원화 입출금을 위한 연동 은행이 존재합니다. 업비트는 케이뱅크, 빗썸은 농협은행, 코인원은 카카오뱅크, 코빗은 신한은행입니다.

여러분은 비트코인과 관련된 ETF나 주식에 투자할 수도 있습니다. 이는 비트코인 자체보다 이를 둘러싼 산업군에 투자하는 방법이죠.

여러분이 가장 많이 하시는 오해 중 하나가 이것입니다.

"비트코인 하나에 1억 원이나 하는데 어떻게 사?"

비트코인은 정말 작은 단위까지 나뉠 수 있는데요. 비트코인의 가장 작은 단위인 사토시는 1억 분의 1비트코인, 원화로 약 1원까지도 작아질 수 있습니다. 거래소에서 사토시를 구매하는 것은 불가하지만, 여러분이 가능한 액수에 맞춰 약간의 비트코인을 구매하는 것은 가능합니다. 이렇게 구매한 비트코인은 거래소가 여러분을 대리해 보유하고, 이를 여러분의 계좌 속 암호 화폐로 보여주죠.

여러분이 이를 온전히 본인의 것으로 보유하고자 한다면 이를 직접 보관하는 것도 가능합니다. 자신만의 하드웨어 월렛을 구매한 뒤, 여러분만이 이 암호 화폐를 컨트롤할 수 있는 구조로 보유하는 것입니다.

개인 지갑은 정말 강력한 보관 방법입니다. 다만 여러분이 직접 그 자산을 컨트롤하는 만큼 해킹과 도난 등의 위협으로부터 자산을 지키기 위한 방법을 고민하고 행하셔야 하죠. 암호 화폐 가치를 진심으로 추구하는 투자자들은 "not your key not your coin"이라 말하기도 합니다. '당신이 자신의 키를 스스로 관리하지 않는다면 그것은 본인의 자산이라 말할 수 없다'는 뜻입니다. 비트코인이 중앙 기관으로부터 분리된 P2P 전자 결제 시스템을 목표로 탄생한 만큼 이런 관리는 그 근본 가치를 따르지 않는다는 이야기죠.

비트코인을 사는
기본적인 방법

국내 거래소 중 거래량이 가장 높은 업비트에서 계정을 생성하고 거래를 시작하는 순서는 다음과 같습니다. 업비트는 사용자가 서비스를 안전하게 이용할 수 있도록 몇 가지 중요한 인증 절차를 요구합니다. 가입과 거래를 위해서는 다음 두 가지 조건을 만족해야 합니다.

1. 국내 통신사 실명 인증

본인 명의로 등록된 국내 통신사의 휴대폰을 사용해 인증합니다.

2. 국내 은행 계좌 인증

본인 명의의 국내 은행 계좌를 통해 인증을 진행합니다.

회원 가입 절차는 다음과 같이 진행됩니다. 이 과정을 통해 업비트에서 안전하고 효율적으로 거래할 수 있습니다.

1. 앱 설치

플레이스토어와 앱스토어를 통해 스마트폰에 업비트 앱을 설치합니다.

2. 휴대폰 본인 인증

설치한 앱에서 본인 명의의 휴대폰으로 실명 인증을 합니다.

3. 은행/증권사 계좌 인증

본인 명의의 은행 또는 증권사 계좌를 통해 추가 인증을 합니다.

4. PIN 비밀번호 설정

6자리의 PIN 비밀번호를 설정하고, 필요한 경우 생체 인증도 추가로 설정할 수 있습니다.

5. 닉네임 설정

거래 시 사용할 닉네임을 설정합니다.

6. 이용 약관 동의

필요한 모든 서비스 이용 약관에 동의한 후 계정 사용을 시작합니다.

가입을 이상 없이 완료했을 경우, 원화 및 디지털 자산의 입출금과 거래를 원활하게 진행하기 위해서는 다음 절차를 해 주시면 됩니다.

1. 고객 확인 절차

- 유의 사항을 꼼꼼히 확인하신 후, 서비스 이용 약관에 동의해 주세요.
- 필요한 기본 정보를 입력합니다.
- 신분증(주민 등록증 또는 운전 면허증)으로 본인 인증을 진행합니다.
- 본인 명의의 은행이나 증권사 계좌를 인증합니다.
- 이 과정을 완료하면 디지털 자산의 입출금 및 매매(비트코인

마켓, USDT 마켓 등)가 가능합니다.

2. 케이뱅크 실명 확인 입출금 계좌 인증

케이뱅크 계좌를 사용하여 고객 확인 절차를 완료하면 자동으로 실명 확인 입출금 계좌 인증이 완료됩니다. 다른 은행 또는 증권사 계좌를 사용해 인증을 진행한 경우 케이뱅크 실명 확인 입출금 계좌 인증을 추가로 진행해야 합니다. 국내 거래소들은 연동된 은행을 통해서만 원화 입출금이 가능합니다.

3. 2채널 인증(카카오톡 인증 또는 네이버 인증서)

- 2채널 인증을 통해 보안을 강화하고, 디지털 자산 및 원화의 입출금과 매매를 할 수 있습니다(원화 마켓, 비트코인 마켓, USDT 마켓 포함).
- 이 인증을 완료하면 PC 웹과 모바일 앱에서 입출금이 가능합니다.

13

현물과 선물 ETF를 통한 간접 구매

주식 시장에 관심이 있는 분들이라면 알고 계실 ETF는 특정 지수를 추종하는 펀드를 거래소에 상장시켜 일반 주식처럼 거래할 수 있도록 만든 펀드를 의미합니다. 최근 주목받은 비트코인 현물 ETF의 경우 비트코인을 운용사들이 구매한 뒤, 이를 일반 거래소에서 거래할 수 있는 하나의 권리로서 거래를 지원하는 구조죠. 투자자들이 비트코인을 직접 구매하지 않더라도 평소 이용하던 주식 거래소에서 비트코인에 투자할 수 있는 방법입니다. 블랙록, 피델리티, 아크 인베스트, 비트와이즈, 반에크, 발키리 등 글로벌 운용

Bitcoin ETF Tracker
24h Volume: $4.18B | Total Marketcap: $67.32B

Ethereum ETF Tracker — Last update: Mar 31, 2024 · 10:20 AM

TICKER	ISSUER	ETF NAME	TYPE	PRICE	MARKETCAP	FEE WAIVER	FEE	AUM	24H VOLUME	CUSTODIAN	STATUS
GBTC	Grayscale	Grayscale Bitcoin Trust	Spot	$63.17 ↑ 3.24%	$43.74B	-	1.50%	$24.33B	$748.04M	Coinbase	Running
IBIT	BlackRock	iShares Bitcoin Trust	Spot	$40.47 ↑ 3.42%	$9.73B	0.12%	0.25%	$17.24B	$1.80B	Coinbase	Running
FBTC	Fidelity	Wise Origin Bitcoin Fund by Fidelity	Spot	$62.06 ↑ 3.36%	$6.65B	-	0.25%	$9.90B	$657.76M	Self-Custody	Running
BITO	ProShares	ProShares Bitcoin Strategy ETF	Futures	$32.30 ↑ 3.33%	$2.69B	-	-	$598.78M	$535.90M		Running
ARKB	Ark/21 Shares	Ark/21 Shares Bitcoin Trust	Spot	$70.98 ↑ 3.22%	$2.13B	-	0.21%	$2.85B	$224.88M	Coinbase	Running
BITB	Bitwise	Bitwise Bitcoin ETF	Spot	$38.71 ↑ 3.24%	$1.56B	-	0.20%	$2.16B	$121.94M	Coinbase	Running
HODL	VanEck	VanEck Bitcoin Trust	Spot	$80.34 ↑ 3.33%	$272.41M	-	0.25%	$529.70M	$37.65M	Gemini	Running
BRRR	Valkyrie	Valkyrie Bitcoin Fund	Spot	$20.13 ↑ 3.24%	$199.39M	-	0.25%	$501.80M	$11.27M	Coinbase	Running
EZBC	Franklin Templeton	Franklin Bitcoin ETF	Spot	$41.19 ↑ 3.25%	$160.14M	-	0.19%	$312.00M	$15.29M	Coinbase	Running
BTF	Valkyrie	Valkyrie Bitcoin and Ether Strategy ETF	Futures	$21.16 ↑ 2.37%	$51.39M	-	-	$38.20M	$579.06K		Running
BTCW	WisdomTree	WisdomTree Bitcoin Trust	Spot	$75.41 ↑ 3.34%	$50.96M	-	0.30%	$79.70M	$18.96M	Coinbase	Running
DEFI	Hashdex	Hashdex Bitcoin Futures ETF	Futures	$81.50 ↑ 4.42%	$26.96M	-	-	$5.00M	$322.56K		Running
BITS	Global X	Global X Blockchain & Bitcoin Strategy ETF	Futures	$73.51 ↑ 1.74%	$24.69M	-	-	$26.10M	$500.46K		Running
ARKA	Ark/21 Shares	ARK 21Shares Active Bitcoin Futures Strategy ETF	Futures	$68.46 ↑ 2.55%	$14.14M	-	-	$8.01M	$429.72K		Running

출처: Ark Invest

비트코인 ETF 현황(2024년 3월 31일 기준)

사들이 현재 비트코인 투자를 지원하고 있습니다.

이들이 비트코인 현물 ETF를 운용하기 위해서는 그 운용액에 상응하는 비트코인을 구매해야 합니다. 이들은 이런 운용을 위해 수수료를 받는데, 이에 직접 구매하는 방법 대비 편리하지만 효율성은 조금 떨어질 수 있는 투자법입니다. 그럼에도 현물 ETF는 비트코인에 대한 새로운 수요와 함께 가격 상승의 동력이 될 것으로 기대되고 있습니다. 암호 화폐 거래소에 가입하도록 만들지 않고도 수많은 주식 투자자를 이 시장으로 이끌 수 있기 때문인데요. 여러분이 직접 암호 화폐 거래소에서 비트코인 투자를 하더라도 비트코인 관련 상품들의 자금 유출입 추이를 확인해야 하는 이유입니다.

반면 선물 ETF는 비트코인에 직접 투자하는 방법이 아닙니다. 선물 ETF는 비트코인의 미래 시장 가치에 베팅하는 방법이죠. 선물 ETF 투자자들은 흔히 말하는 '롱(상승)'과 '숏(하락)'을 전망합니다. 현물 보유가 시장의 상승에만 베팅할 수 있다면 선물 ETF는 시장 상황이 안 좋아질 것이란 미래에도 베팅할 수 있는 방법이죠.

비트코인 현물 ETF
장점과 단점

비트코인의 합법성은 현물 ETF 승인을 통해 더욱 강화되었습니다. 이제 IRAs나 401k 같은 개인 은퇴 자금용 계좌는 물론 다양한 투자 계좌를 통해 비트코인에 투자할 수 있게 된 것입니다. 이는 비트코인이 단순한 실험적 자산이 아닌, 진정한 자산 클래스로 인정받기 시작했다는 증거입니다.

ETF의 등장은 비트코인에 대한 대규모 수요 창출을 가능하게 하고, 이는 유동성의 증가와 함께 장기적으로 가격의 안정성을 제공할 수 있습니다. 스팟 비트코인 ETF 자체가 직접적으로 가격을 움직이지는 않더라도 수요의 증가는 가격 상승의 동력이 될 수 있습니다.

이제 투자자들은 보다 낮은 거래 수수료로 비트코인에 쉽게 접근할 수 있게 되었습니다. 이는 일부 암호 화폐 거래소의 높은 수수료에 비해 큰 장점이 됩니다. 비트코인에 투자하고자 하는 이들에게 더욱 매력적인 선택지가 될 수 있죠.

하지만 단점도 있습니다. 글로벌 금융 기관이 비트코인 소유를 이끌어 가게 된다면 비트코인의 근본 가치인 '자산의 직접 소유'가 침해될 수 있습니다. 현물 ETF로 보유하게 된 비트코인은 결국 여러분이 직접 들고 계신 것이 아니라 블랙록 같은 대규모 금융 기관이 보유하고 있는 것이죠. 이런 식으로 보유한 자산은 미국 정부 같은 기관에 의해 재산권이 침해될 수 있습니다.

단기적인 거래 수수료는 거래소 대비 낮아도 현물 ETF의 경우 연간 관리 수수료가 발생합니다. 여러분이 경험하는 모든 편리함에는 대가가 따르는 것이죠. 비트코인 현물 ETF의 출현은 비트코인 채택을 넓히는 데 일조하겠지만, 어떤 부분에서는 비트코인이 탄생한 근본 가치에 반하는 현상을 만들어 갈 수 있습니다.

14

암호 화폐
주식 투자

비트코인 및 암호 화폐 시장에 진입하려는 투자자들에게는 암호 화폐 관련 주식에 투자하는 것도 하나의 방법입니다. 이런 방식은 비트코인 채굴업체나 암호 화폐 거래소, 마이크로스트레티지같이 비트코인을 잔뜩 구매하는 기업에 투자하는 것을 포함합니다. 비트코인 채굴 회사나 암호 화폐 거래소에 투자하는 것은 비트코인 자체에 투자하는 것과는 다른 차원의 경제적 기회입니다. 이런 투자는 단순히 암호 화폐의 가격 변동에 대한 베팅이 아니라 암호 화폐 산업의 성장 잠재력에 대한 신뢰와 지지를 의미하죠.

암호 화폐 시장이 폭발적으로 성장하는 가운데 직접 투자 대신 간접적인 경로를 택하는 것도 과연 현명한 선택일까요? 이 방식은 복잡한 디지털 화폐를 관리해야 한다는 부담 없이, 비트코인 같은 암호 화폐의 성장세를 포착할 기회를 제공합니다. 더 나아가 이는 암호 화폐 시장에 깊숙이 발을 담근 기업들의 노하우와 전문성을 우리의 것으로 만들 수 있는 가능성도 제시하죠. 실제 마이크로스트레티지나 코인베이스 같은 기업들은 비트코인이 상승할 때 오히려 더 오르는 모습을 보이기도 합니다.

차트는 2024년 비트코인(BTC)과 마이크로스트레티지(MSTR), 코인베이스(COIN)의 가격 움직임과 그 상관관계를 보여 줍니다. 비트코인이 2024년 60% 상승하는 동안 코인베이스는 66%, 마이크로스트레티지는 무려 185% 급등했죠. 높은 상관관계를 유지하고

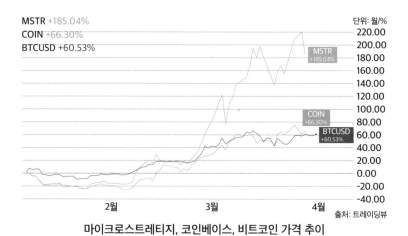

마이크로스트레티지, 코인베이스, 비트코인 가격 추이

는 있지만, 더 높이 오를 때도 있고 더 크게 내릴 때도 있는 투자 상품입니다. 암호 화폐 주식은 단순히 시장의 변동성에만 휘둘리는 것이 아닙니다. 경영진의 결정, 회사의 운영 효율성, 시장의 더 넓은 분위기 등 기업 고유의 다양한 요소가 성과에 중대한 영향을 끼칩니다.

만약에 이들이 성장하는 산업(비트코인과 암호 화폐)에 종사하며 획기적인 방법을 제시할 수 있기까지 하다면 이들은 실제 이 산업이 성장하는 것 대비 빠른 성장을 이루게 될 수도 있겠죠. 여러분이 이런 주식에 투자하실 때 '이 기업이 과연 암호 화폐의 미래, 그리고 우리의 경제적 자유를 향한 길에 한 발짝 더 나아가는 선택일까?'를 고민하고 투자하셔야 하는 이유입니다.

비트코인을 직접 구매하든, ETF를 알아보든, 혹은 암호 화폐 관련 주식에 투자하든, 이런 방법들은 여러분의 경제적 비전을 실현하는 데 중요한 역할을 할 수 있습니다. 이 모든 투자 경로는 각자의 이점과 위험을 내포합니다. 하지만 중요한 것은 여러분이 세우는 투자 전략입니다. 시장 동향을 세심히 관찰하고, 잠재적 위험을 깊이 이해하며, 여러분의 재정적 목표와 부합하는 선택을 하는 것. 이 모든 것이 비트코인이라는 새로운 자산에 투자할 때 고려해야 할 핵심 요소입니다. 이런 구조를 이해하고 투자하는 것은 여러분이 경제적 굴레를 벗어나는 첫걸음을 떼는 데 중요합니다.

비트코인 대표 관련주
다섯 가지

• 코인베이스(Coinbase, COIN)

코인베이스는 미국에서 가장 큰 암호 화폐 거래소 중 하나를 운영하는 회사입니다. 다양한 디지털 자산을 사고팔 때마다 수익을 창출하는 모델이 핵심이며, 웹3 기술 개발로 블록체인 관련 비즈니스 확장을 계획하고 있습니다.

• 마이크로스트레티지(Microstrategy, MSTR)

소프트웨어 컨설팅 기업이었던 마이크로스트레티지는 CEO 마이클 세일러 주도로 비트코인을 지속적으로 구매했습니다. 마이크로스트레티지의 비트코인 보유량은 20만 개를 넘으며, 그 평균 매입가는 3만 3,700달러로 현재 100% 이상의 수익을 기록하고 있습니다. 비트코인 가격이 오르면 마이크로스트레티지의 보유 자산 평가액도 상승합니다.

• 엔비디아(Nvidia, NVDA)

엔비디아는 컴퓨터 게임용 그래픽 카드 제조업체로 명성을 쌓았지만, 최근 몇 년간 암호 화폐 채굴에 사용되는 기술까지 영역을 넓혔습니다. 채굴은 고성능 장비를 사용하여 복잡한 수학적 문제를 해결하는 것을 포함하며, 이는 중앙 기관이 없어도 비트코인이 송금 시스템으로 운영될 수 있게 하는 회계 처리 과정입니다. 비트코인 가치가 상승할수록 채굴 수요, 엔비디아의 상품 수요가 올라갑니다.

- **마라톤 디지털 홀딩스**(Marathon Digital Holdings, MARA)

마라톤 디지털 홀딩스는 비트코인 채굴업체로 직접 비트코인을 채굴하고 비트코인 투자 및 보유도 하는 기업입니다. 2023년 실적 발표 기준 마라톤 디지털 홀딩스는 1만 5,126개의 비트코인을 보유하고 있으며, 연간 순이익 2억 6,100만 달러를 기록했습니다. 마라톤 디지털 홀딩스는 채굴 관련 인프라를 설치하는 데 지속적으로 노력 중입니다.

- **블록**(Block, SQ)

과거 스퀘어(Square)로 불리던 블록은 X(전 트위터) 창업자 잭 도시가 설립한 금융 및 결제 서비스 기업입니다. 블록체인과 비트코인 관련 사업을 진행 중이며, 캐시앱을 통해 투자자들이 주식과 비트코인에 투자하는 과정을 지원합니다. 2023년 기준 8,038개의 비트코인을 보유하고 있음을 공개했습니다.

15

시장 변동을 이기는
DCA 투자법

_B_

달러 비용 평균(Dollar-Cost Averaging, DCA) 전략은 전 세계적
으로 인기 있는 비트코인 투자 방식입니다. 시장의 불확실성 속에
서도 끊임없이 믿음을 갖고 비트코인을 소량씩 모으는 전략인데
요. 이는 정기적으로, 가격의 흐름에 상관없이 일정한 금액을 비트
코인에 투자하는 것을 의미합니다.

예를 들어 매주 또는 매월 정해진 금액을 비트코인에 투자하면
시장의 단기적인 변동에 휘둘리지 않고 꾸준히 자산을 쌓아 갈 수
있습니다. 마이크로스트레티지가 비트코인을 꾸준히 매입하며 높

은 투자 수익을 올린 것과 같은 방법이죠.

이 방식은 우리의 경제적 자유를 향한 여정을 마음 편하게 걸어 갈 수 있는 방법입니다. 가격이 낮을 때는 더 많은 비트코인을, 가격이 높을 때는 조금 적은 비트코인을 구매하면서, 긴 시간에 걸쳐 비트코인당 평균 투자 비용을 안정적으로 유지할 수 있습니다. 단기적인 가격 움직임을 신경 쓰지 않기에 더욱 마음 편하게 보유할 수 있게 되죠. DCA는 시장 움직임에 대한 여러분의 불안을 완화하고 시간과 함께 비트코인을 쌓아 갈 수 있는 방법입니다.

DCA는 여러분이 별다른 공부나 전문 지식 없이도 직관적으로 할 수 있는 투자법입니다. 여러분은 시장 타이밍을 맞출 필요도 없습니다. 사실 매일 차트를 보는 트레이더와 전문가들도 이런 순간을 잡는 것은 불가능에 가깝죠. 이걸 할 수 있으면 이미 엄청난 부를 쌓고 경제적 자유를 이룰 수 있었을 겁니다.

또한 DCA는 여러분이 휘둘리지 않고 감정을 안정적으로 유지할 수 있도록 합니다. 비트코인 개수를 늘리는 것이 목표가 되고, 하나의 저축처럼 느껴지도록 해 주죠. 이는 시장 변동성으로 인한 패닉 셀링과 바잉을 막아 줍니다. 여러분이 단기 트레이더가 아니라면 그냥 매일같이 비트코인을 사기로 다짐하고 원화 환산 잔고는 잊어버리면 되는 것이죠. 여러분이 이렇게 쌓아 가는 DCA 비트코인은 언젠가 1BTC가 되고, 계속해서 쌓이다 보면 여러분도 몇 개 비트코인을 보유한 홀더가 되실 수 있는 겁니다. 비트코인

DCA는 정신적으로 편안하게 투자해서 장기적 수익을 얻는 방법인 거죠.

예를 들어 지난 5년 동안 비트코인을 매주 100달러 DCA했다면 수익률이 어떻게 될까요? 2만 6,100달러의 투자금으로 292.87%의 수익률을 달성해 현재 자산은 10만 2,540달러가 됩니다.

비트코인 DCA

비트코인 DCA
방법 4단계

1. 예산 및 간격 설정

얼마의 금액을 얼마나 자주 투자할 수 있는지 생각해 보세요. 여러분의 투자 포트폴리오 중 비트코인을 얼마나 가져갈지에 기반을 두어 금액을 설정합니다. 매일 1만 원으로 시작할 수도 있습니다. 그리고 그 금액을 매일이든, 매주든, 매달이든 여러분이 잊지 않고 투자할 수 있도록 세팅하세요.

2. 투자처 설정

최근에는 원화를 입금한 뒤 정기적으로 비트코인 구매를 대행해 주는 DCA 서비스들도 등장하고 있습니다. 거래소도, 투자 앱도 좋습니다. 여러분이 손쉽게 확인하고 활용할 수 있는 플랫폼을 찾아보세요.

3. 쌓아 가기

여러분이 찾은 투자처에 정기적으로 이체해 비트코인 수량을 늘려 가세요. 여러분은 규칙에 따라 투자하기 때문에 단기적인 비트코인 가격 움직임에 불안이 줄어들 겁니다. 가격이 오르면 이미 산 비트코인이 올라서 좋고, 가격이 내리면 더 싼 가격에 비트코인을 살 수 있어서 좋은 것이죠.

4. 장기 보유 투자

비트코인을 투자하기로 결정했다면, 여러분에게 자산이 필요한 그 순간까지 HODL(장기 보유 투자)하세요. 비트코인의 가치가 올바른 방향이라면 이 자산을 믿는 이들은 계속해서 늘어날 것이며 그 가격도 우상향할 가능성이 높습니다.

DCA는 외부 서비스와 연동해 편리하게 할 수도 있습니다. 업루트컴퍼니는 '비트세이빙'이라는 디지털 자산의 정기적 구매와 장기 투자를 장려하는 서비스 모델을 제공합니다. 이 서비스는 단기 투자 대신에 달러 비용 평균법을 활용하여 자산의 평균 매입 가격을 낮추는 서비스를 제공하죠.

고객들이 자신의 디지털 자산 거래소 계정을 통해 API를 연결하여 원화 송금 없이 비트코인과 이더리움 같은 주요 디지털 자산을 반복 구매할 수 있습니다. 매일, 주 1회, 특별 주기 등 다양한 구매 주기 옵션을 기반으로 투자자들은 시장 상황에 따라 유연하게 반응할 수 있죠.

업루트컴퍼니는 구매 수수료 대신 세이빙 프라임 구독 모델로 서비스를 운영하고 있습니다. 투자자들은 최대 3개의 저금통을 운영할 수 있으며, 온체인 데이터를 기반으로 자동으로 저금 금액을 조정하는 스마트 저금통 기능을 이용할 수 있습니다. 이용자들에게는 월 4,500원의 요금이 부과됩니다.

업루트컴퍼니의 이장우 대표는 "비트코인과 같은 디지털 자산의 미래 가치 성장을 기대하며 DCA 기법으로 안전하게 저축하고 투자할 수 있는 기회를 제공하려고 한다"라며 "이 서비스는 초보 투자자뿐만 아니라 경험 많은 투자자에게도 유익한 구조"라고 말했습니다. 2023년 12월 발표된 업루트컴퍼니 발표 기준 디지털 자산 시장에서 비트세이빙 적립식 저축을 이용한 고객들은 평균 36%의 수익률을 보였죠.

비트코인 같은 디지털 자산 투자는 그 어느 때보다 보편화되고 있습니다. 2023년 CNBC 조사에 따르면 MZ세대의 87%가 미래에 디지털 자산을 보유할 의향이 있다고 밝혔으며, 투자자 대부분이 이 자산에서 손실을 경험했다고 합니다. 현재 디지털 자산의 높은 가격 변동성과 시장 정보의 불균형, 미검증 암호 화폐의 등장은 투자자들의 페인 포인트로 작용하고 있는 상황인 것입니다. 이런 상황에서 변동성에 의한 개인의 불안을 줄이는 DCA는 투자자들의 안전한 장기 투자에 도움이 될 수 있습니다.

또한 비트세이빙 같은 서비스는 블록체인 데이터 분석을 통해 알고리즘이 고객의 직접 투자보다 개선된 수익률을 추구할 수 있도록 하는 기술을 개발하고 이를 특허화하며 상품화하기도 했습니다. 비트세이빙은 사용자가 비트코인과 이더리움 등의 주요 자산을 어떻게 구매할지를 선택할 수 있게 해 줍니다. 사용자는 매입할 금액과 주기를 설정하고, 가격이 하락했을 때만 구매하는 '물타기' 같은 특별 주기도 선택할 수 있습니다. 이후 사용자의 암호 화폐 거래소 계정과 연동하여 자동으로 적립식 투자가 이뤄집니다.

비트세이빙 고객들에게 인기 있는 기능으로는 '저금통' 기능도 있는데요. 이 기능은 시장 상황에 따라 자동으로 투자 금액을 조절하여 가격이 비쌀 때는 적게, 쌀 때는 많이 구매하도록 설계되었습니다. 업루트컴퍼니 자체 조사에 따르면 이런 투자법은 일반적인 적립식 투자에 비해 약 18%의 성과 개선을 보여 줍니다. 여러분은 이런 외부 서비스를 사용해 투자 효율 개선을 이루실 수 있습니다.

16

안정적인 수익을 위한
비트코인 투자 원칙 네 가지

암호 화폐 투자는 그 높은 변동성과 예측 불가능성 때문에 투자자들에게 매력적이면서도 위험한 선택이 될 수 있습니다. 세상에 확실한 투자는 없습니다. 모든 투자처에서 우리는 마주할 수 있는 위험을 대비해야 하죠.

암호 화폐 투자는 물론 모든 투자에는 위험이 따르는 것이 일반적입니다. 이는 완전히 제거할 수 없는 부분이죠. 현명한 투자자는 모든 것이 계획대로 진행되리라고 가정하기보다 위험 요소를 식별하고 이를 피하는 방법을 찾습니다.

1. 투자는 감당할 수 있는 범위 내에서만

모든 투자가 위험을 내포하고 있음에도 우리는 때로 예상치 못한 변동성에 마음이 움직일 수 있습니다. 여러분은 항상 손실을 감당할 수 있는 범위 내에서 신중하게 결정을 내려야 합니다. 이것은 암호 화폐 시장에서 더욱 중요합니다. 이곳은 순식간에 자산 가치가 급락할 수 있는 곳이니까요.

암호 화폐 시장은 초기에 일부 투자자들을 부자로 만들었지만, 그와 반대로 많은 초보 투자자를 경제적 어려움으로 밀어 넣기도 했습니다. 해킹이나 운영 중단 같은 불확실성은 늘 존재합니다. 작은 뉴스 하나에도 작게는 몇 퍼센트에서 수십 퍼센트가 움직일 수도 있죠. 이에 투자 결정을 내릴 때는 냉철한 판단이 필요합니다.

생활비를 전부 투자하거나 부동산을 매각하고 빚을 내서 암호 화폐에 올인하기 전에 한 번 더 신중하게 고민하는 시간을 가질 필요가 있습니다. 진정한 경제적 자유를 위한 길은 무모한 결정이 아닌 신중하고 지혜로운 선택에서 비롯됩니다.

2. 과한 레버리지는 금물

여러분은 암호 화폐를 거래하며 지나친 레버리지의 유혹에 빠지지 말아야 합니다. 생각보다 많은 트레이더가 마진 거래의 위험한 물결에 몸을 맡기곤 합니다. 마진은 큰 수익의 꿈을 키워 주기도 하지만, 암호 화폐의 높은 변동성에 자칫 순식간에 자산을 잃을 가능성 또한 존재합니다.

암호 화폐 거래소들은 최대 100배에 달하는 레버리지를 제공합니다. 내가 산 코인이 1%만 올라도 100%의 수익을 얻을 수 있지만, 이는 동시에 코인 가격이 1%만 내려도 나의 포지션이 청산되고 원금이 순식간에 사라질 수도 있음을 의미합니다.

레버리지 역시 여러분이 버틸 수 있는 수준을 유지해야 합니다. 적당한 레버리지를 유지하면 불확실한 시장 속 더 높은 수익률을 기대할 수 있고, 불리한 상황에서도 어느 정도 손실을 감수한 뒤 탈출할 가능성이 존재하죠. 여러분은 경제적 자유를 향한 긴 여행을 떠나야 합니다. 현명한 분석과 지속적인 노력이 그 방법이죠. 개인이 감당할 수 없는 투자는 더 이상 투자가 아닌 도박입니다.

3. 투자 포트폴리오 다양화

암호 화폐도 다른 투자 영역과 같이 한곳에 모든 자산을 집중하는 전략은 위험할 수 있습니다. 과거 한국에서 인기가 많았던 테라USD(UST)와 루나(LUNA)의 사례는 우리에게 한 가지 교훈을 줬죠. 투자의 세계에서 모든 자산을 단일 영역에 배치하는 것은 큰 리스크를 수반한다는 점입니다.

2022년 5월 미국 달러와 연결되어야 했던 알고리즘 기반 스테이블코인인 테라USD는 35센트로 급락하며 관련된 암호 화폐 루나가 80달러에서 불과 몇 센트로 추락하는 사태가 발생하기도 했습니다. 이는 모든 투자를 하나의 생태계에만 집중하는 투자법의 위험성을 드러냅니다.

비트코인 같은 자산은 가치를 보존하는 수단으로 활용될 수 있으며, 이더리움은 탈중앙화된 애플리케이션과 스마트 계약을 지원하는 데 중요한 역할을 합니다. 최근 주목받는 솔라나 같은 블록체인 토큰도 투자처 중 하나로 고민될 수 있겠죠.

이 생태계에는 다양한 기능과 목적을 가진 수많은 암호 화폐 프로젝트가 존재합니다. 이들은 모두 각기 다른 사용 사례와 기술을 보유하고 있죠. 우리는 이런 프로젝트들을 공부하고 합리적인 미래를 제시하는 프로젝트들에 분산 투자함으로써 더 안전하고 높은 수익률을 기대할 수 있는 겁니다.

4. 포트폴리오 보호를 위한 헤징

전통적인 금융 시장에서는 잠재적 손실이나 자산 가격의 불리한 변동에 대비하여 특정 자산을 매수하거나 매도하는 전략인 '헤징(Hedging)'이 있습니다. 암호 화폐 시장에서도 헤징은 중요한 전략입니다. 이는 시장의 급격한 변동에도 우리의 자산을 지킬 수 있는 방패와 같죠. 물론 이런 전략은 수익을 어느 정도 제한할 수 있지만, 우리에게 필요한 것은 리스크를 줄이고 오랫동안 투자 선택을 이어 갈 수 있는 지구력입니다.

암호 화폐 투자 리스크를 헤징하는 방법은 다양합니다. 달러 비용 평균화(DCA) 같은 간단한 방법부터 옵션 구매, 선물 거래, 수익 농사(yield farming)에 이르기까지 많은 전략이 있죠. 달러 비용 평균화는 점진적이고 안정적인 투자를 원하는 이들에게 적합합니다. 예를 들어 1,000만 원을 한 번에 비트코인에 투자하는 대신 이를 나누어 점진적으로 투자함으로써 시장의 급격한 변동에 대비할 수 있습니다.

17

리스크를 줄이는 투자 지표 1
선형 회귀 채널

개인 투자자들이 시장 지수를 웃도는 것은 정말 쉽지 않은 일입니다. 실제 다수의 개인 투자자의 수익률이 S&P 500이나 나스닥 등 주요 지수 대비 낮은데, 이는 대부분의 경우 뉴스를 보고 감정이 동요해 오를 주식을 저점에서 팔아 버리거나, 내릴 주식을 고점에서 사 버리기 때문에 발생하는 현상이죠. 열심히 고민해서 선택했는데, 오히려 수익은 낮아지는 현상이 대부분인 겁니다. 기본적인 기술 지표를 참고하는 것은 여러분이 단기적인 뉴스에 일희일비하지 않을 수 있도록 도와줍니다.

선형 회귀 채널

선형 회귀 채널(Linear regression channel)이라 불리는 이 기술적 지표는 자산의 가격 변동 흐름을 그려 내는 도구입니다. 일반적으로 여러분이 보시는 가격 차트의 움직임에서 세 개의 선으로 이뤄진 추세선을 의미하는데요. 상단의 저항선, 하단의 지지선, 그리고 중심을 잇는 중앙 추세선으로 구성됩니다.

중앙 추세선은 최근 100개 가격 포인트를 연결하는 직선입니다. 하단선은 가격이 내려가는 상황에 반등을 줄 수 있는 지지선의 역할을 하죠. 상단선은 가격이 올라가는 추세에 저항이 발생하는 저항선의 역할입니다. 가격이 하단선에 도달했을 때, 이를 반등 시점 및 구매 신호로 해석합니다. 반대로 가격이 상단선에 닿았다면 하락 시점 및 매도 신호로 해석하죠. 선형 회귀 채널은 몇 주간의 시장 변동을 통해 이익을 추구하는 스윙 트레이더에게 적합한 도구입니다.

단기 트레이딩을 선호하는 사람이라면 차트의 시간 프레임을 시간 단위로 조정해야 하며, 장기 거래에는 일간 차트나 주간 차트가 적합합니다. 여러분은 자산 움직임을 모니터링하며 중앙 추세선에서의 움직임을 주의 깊게 살펴야 합니다. 만약 가격이 중앙선을 돌파하거나 하단선 범위 중 거래된다면 이는 시그널이 될 수 있기 때문이죠.

투자에 바로 쓰는
선형 회귀 채널

1. 추세 확인

선형 회귀 채널의 중앙 추세선은 비트코인의 최근 가격 경향을 나타내는데, 이는 투자자가 시장의 전반적인 방향성을 파악하는 데 중요합니다. 예를 들어 중앙선이 상승 추세를 보이면 장기적으로 긍정적인 시장 전망을 나타내며, 이는 보유 포지션을 유지하거나 추가 매수를 고려할 수 있는 신호가 될 수 있습니다.

2. 구매 및 판매 시점

하단 지지선은 가격이 하락했을 때 강력한 반등 지점을 제공하므로, 이 선에 접근하거나 닿았을 때 구매를 고려할 수 있습니다.

반대로 상단 저항선에 도달하면 이는 잠재적인 매도 시점으로 해석될 수 있습니다. 이는 가격이 저항선을 넘지 못하고 하락할 가능성이 발생하기 때문입니다.

3. 위험 관리

선형 회귀 채널은 투자자가 스톱 로스(stop-loss) '구매가 대비 하락하는 차트에서 손실을 일부 감수하고 포지션을 종료하는 것'과 테이크 프로핏(take-profit) '구매가 대비 상승하는 상황에서 일부 수익을 실현하는 것'의 수준을 설정하는 데도 유용합니다. 예를 들어 하단선 아래에서 특정 비율로 스톱 로스를 설정할 수 있으며, 상단선을 넘어서면 테이크 프로핏을 고려할 수 있습니다.

4. 시간 프레임 선택

선형 회귀 채널은 다양한 시간 프레임에 적용할 수 있습니다. 단기 트레이딩을 원하는 투자자는 분이나 시간 단위 차트를, 장기적인 관점을 가진 투자자는 일간이나 주간 차트를 사용해 자신의 투자 전략에 참고할 수 있습니다.

5. 시장 변동성 이해

비트코인과 같은 고변동성 자산의 경우에 선형 회귀 채널에서 가격이 중앙 추세선을 어떻게 돌파하는지 관찰함으로써 시장의 변

동성과 강도를 평가할 수 있습니다. 이는 투자자가 시장의 감정을
더 잘 이해하고 적절한 시기에 진입하거나 퇴출하는 데 도움을 줄
수 있습니다.

18

리스크를 줄이는 투자 지표 2
탐욕과 공포 지수

---- ₿ ----

워런 버핏은 말했습니다.

"모두가 탐욕을 부릴 때 두려워하고 두려워할 때 탐욕을 부려라."

비트코인 시장에서도 워런 버핏의 말이 통합니다. 공포와 탐욕
지수는(Fear and Greed Index) 시장 투자자들의 열정과 두려움을
측정하는 척도입니다. 탐욕과 공포 지수는 시장 심리를 반영하는
중요한 지표로, 특히 가격 변동성이 큰 비트코인과 같은 디지털 자

산 시장에서 시장 투자자들의 마음을 읽고자 할 때 투자자 의사 결정에 큰 도움을 줄 수 있습니다. 이 지수를 활용하는 방법을 이해하면 비트코인 투자의 타이밍을 보다 정확하게 결정할 수 있으며, 장기 투자 전략을 수립하는 데 있어 더욱 명확한 지침이 됩니다.

복잡한 정보에 기반하기보다는 시장 참여자들의 심리에서 자산 가격 방향성을 읽어 내는 기술이죠. 지수가 공포로 움직이고 있을 때는 구매 기회로, 탐욕으로 기울고 있을 때는 판매 기회를 잡는 것이 현명합니다.

시장 분위기를 보여 주는 기술적 지표

공포 지수가 낮을 때, 즉 지수가 20 이하로 떨어지면 많은 투자자가 시장을 불안하게 여기고 자산을 매도하기 시작합니다. 이 시점은 일반적으로 자산 가격이 하락하여 과매도 상태에 있다고 볼 수 있습니다. 시장이 '공포'에 질려 있을 때 사라는 것이 바로 이런 말이죠. 이런 상황에서는 시장의 공포를 이용하여 비트코인과 같은 자산을 저평가된 가격에 매입하는 것이 유리합니다. 장기 투자자는 이 시기를 매수 기회로 삼아 포트폴리오를 강화할 수 있습니다.

탐욕 지수가 높을 때, 특히 80 이상으로 올라갔을 때는 시장 참여자들 사이에 탐욕이 팽배하다고 볼 수 있습니다. 이는 자산 가격이

2024 비트코인 RSI와 가격 움직임

과도하게 상승했을 가능성이 높고, 과매수 상태일 수 있음을 의미합니다. 이런 시점에서는 투자자가 고가에 매도하여 이익을 실현하고, 현금화함으로써 다가올 조정 시기에 대비할 수 있습니다.

탐욕과 공포 지수가 낮을 때는 시장에 과매도가 나타나 상승세로 전환될 가능성을, 점수가 높을 때는 시장 과매수로 하락세 전환을 준비해야 합니다. 이런 지표들은 단순한 숫자를 넘어서 시장의 전반적인 심리 상태를 포착합니다. 정기적으로 이 지수를 검토하고, 그에 따라 투자 결정을 내리면, 복잡한 경제 데이터나 시장 예측 모델보다도 시장의 실제 움직임을 더 잘 이해하고 예측할 수 있습니다.

19

리스크를 줄이는 투자 지표 3
이동 평균선

이동 평균(Simple and exponential moving averages)은 비트코인
처럼 변동성이 높은 자산의 투자 전략을 구성하는 데 유용한 도구
입니다. 특히 비트코인의 경우 가격 변동이 심하기 때문에 이동 평
균선을 활용하여 시장의 기본 추세를 파악하고 이에 따른 전략을
수립할 수 있습니다.

비트코인 투자에서 이동 평균을 활용하는 방법은 몇 가지 기본
적인 전략으로 나눌 수 있습니다. 우선 자산의 가격이 50일, 100일
또는 200일 이동 평균보다 높을 때, 이는 강세 시장의 신호로 해석

될 수 있으며, 투자자에게 구매 기회를 제공할 수 있습니다. 가격이 이동 평균선 아래로 떨어질 경우, 하락 추세가 시작될 가능성이 있으므로 매도하는 것을 고려해야 할 수 있습니다.

이외에도 이동 평균선은 중요한 지지 및 저항 수준으로 작용할 수 있습니다. 예를 들어 비트코인 가격이 하락하다가 특정 이동 평균선에 도달하고 반등하는 패턴을 보일 때, 투자자에게 이는 구매의 신호가 됩니다. 반대로 상승 추세 중에 이동 평균선을 저항선으로 만나면서 가격이 정체되거나 하락을 시작한다면, 이는 매도 신호로 해석될 수 있습니다.

이동 평균선을 활용한 또 다른 전략은 골든 크로스와 데스 크로스를 관찰하는 것입니다. 골든 크로스는 단기 이동 평균선이 장기 이동 평균선을 상향 돌파할 때 발생하며, 이는 강세장의 시작을 예고할 수 있습니다. 반대로 데스 크로스는 단기 이동 평균선이 장기 이동 평균선을 하향 돌파할 때 나타나며, 이는 하락장의 시작을 암시할 수 있습니다. 이 두 가지 신호는 투자자들에게 중요한 매수 및 매도 타이밍이 될 수 있습니다.

단순 이동 평균(SMA, Simple Moving Average)은 모든 가격 데이터를 동일하게 가중치를 두고 계산하는 반면, 지수 이동 평균(EMA, Exponential Moving Average)은 최근 데이터에 더 큰 가중치를 두고 더 민감하게 가격 변화를 반영합니다. EMA는 특히 변동성이 큰 시장에서 최근 가격 변동을 더 잘 반영하기 때문에 비트

5개년 비트코인 가격과 SMA, EMA 그래프

출처: 트레이딩뷰

코인과 같은 자산에 유리할 수 있습니다. 모든 기술적 분석 도구와 마찬가지로 이동 평균 또한 결코 완벽한 예측 도구는 아니며 시장의 불확실성과 예외 상황을 항상 염두에 둬야 합니다. 여러분은 이런 지표를 참고하며 다양한 경제적 지표와 시장 분석을 활용하고, 보다 신중하고 균형 잡힌 투자 결정을 내리는 것이 중요합니다.

기술적 분석은 날씨 예보와 유사합니다. 이들은 시장에서 가격이 어떻게 변할지 예측하고 그에 따라 준비하는 데 도움을 줄 수 있지만, 미래는 결코 확정된 것이 아니죠. 예상치 못한 사건들이 언제든지 이 예측을 무너뜨릴 수 있습니다. 여러분은 지표를 활용해 더 합리적인 투자 결정을 내리기 위해 노력해야 하지만, 한 가지 지표에 너무 몰입되어 모든 것을 걸지 않도록 주의해야 합니다. 투자 결정을 내릴 때는 다양한 정보와 지표를 참고하고, 무엇보다도 위험을 고려하여 리스크를 줄일 수 있도록 노력하세요.

20

비트코인 고래
위에 올라타라

    '비트코인 고래'는 비트코인 시장에서 중대한 영향력을 발휘할 수 있는 주요 참여자 중 하나입니다. 그들이 대량으로 비트코인을 매수하거나 매도할 때 비트코인 가격에 상당한 영향을 미칠 수 있기 때문입니다.

    비트코인 고래는 대량의 디지털 화폐를 보유하고 있으며 단일 거래로 가격 변동에 영향을 줄 수 있는 개인이나 단체를 의미합니다. 비트코인 고래로 분류되는 최소 기준은 일반적으로 1,000BTC 이상 보유자인데, 비트코인 고래라는 용어는 시장 내 다른 '더 작은 물고기'들과 비교할 때 그들의 보유량 규모를 설명하기 위해 사용되는 관용적 표현입니다. 지갑 소유자는 개인일 수도 있고, 중요한 투자를 하기 위해 자산을 모으는 기관일 수도 있습니다. 비트코인 보유량에 따른 비유는 다음과 같습니다.

- 혹등고래=5,000BTC
- 고래=1,000~5,000BTC
- 상어=500~1,000BTC
- 돌고래=100~500BTC
- 물고기=50~100BTC
- 문어=10~50BTC
- 게=1~10BTC
- 새우=~1BTC

비트코인 시장에서 '고래'로 불리는 대규모 투자자들은 방대한 보유량을 바탕으로 시장에 큰 영향력을 미칩니다. 이들은 거래소 또는 장외 거래(OTC)를 통한 거래 시 거대한 거래량으로 비트코인의 즉각적인 수요와 공급에 큰 변화를 일으킬 수 있으며, 이는 시장 가격의 움직임으로 직접적으로 반영됩니다.

고래가 비트코인 포지션을 늘리기로 결정하면 그들의 거래 규모 때문에 비트코인의 가격이 상승하게 됩니다. 반대로 고래가 보유량을 팔아 포지션을 축소하기로 하면 가격은 보통 하락으로 반응합니다. 많은 고래의 지갑이 공개적으로 추적됩니다. 그들의 예상 거래에 반응하는 비트코인 투자자들의 움직임으로 고래들의 영향력이 더욱 강해지죠.

이런 이유로 일부 고래 투자자들은 가격에 미치는 영향을 제한하기 위해 직접 장외 거래 데스크를 통해 다른 투자자들과 거래하는 것도 선호합니다. 어떤 고래는 거래소에서의 적극적인 거래로 시장에 대대적인 매수 또는 매도 신호를 보내고 시장을 자신이 원하는 방향으로 움직이고자 하기도 하죠.

어떤 상황에서든 이 고래들의 움직임을 식별하고 분석하는 것은 더 현명한 투자 결정으로 이어질 수 있습니다. 블록체인 기술의 투명성에 기반을 두어 우리는 쉽게 이들의 움직임을 모니터링할 수 있기도 하죠.

1. 블록체인 탐색기 사용하기

비트코인의 공개 원장은 모든 거래를 볼 수 있게 해 줍니다. blockchain.com 같은 블록체인 탐색기를 사용해서 지갑을 라벨링하고, 대량의 비트코인 이동을 확인할 수 있습니다.

2. 거래 패턴 분석하기

고래들은 대규모 거래를 실행함으로써 가격의 급격한 하락이나 상승을 초래할 수 있습니다. 이들의 거래 패턴에 주의를 기울이면, 주목할 패턴이 나타날 때 비트코인 고래의 움직임을 분석할 수 있습니다.

3. 소셜 미디어 활용하기

일부 비트코인 고래들은 소셜 미디어에서 적극적으로 활동하며, 투자 전략이나 비트코인 전망에 대한 의견을 공유합니다. 이런 내용을 통해 그들의 거래 활동에 대한 전망을 얻고 활용할 수 있습니다.

세상에 알려진 비트코인 고래들

비트코인 고래 투자자의 활동을 감지하면 우리가 더 현명하게 움직일 수 있습니다. 웨일 어럿트, 지갑 라벨링 같은 서비스들을 활용하면 손쉽게 이들의 움직임을 관찰할 수 있죠. 중요한 것은 이렇게 발생하는 '사건'들에서 그들의 의도를 파악하고 읽어 내는 능력입니다. 비트코인 고래에는 누가 있을까요?

• 사토시 나카모토

비트코인의 창시자이자 미지의 인물 사토시 나카모토. 개인인지

집단인지에 알 수 없는 그는 약 100만BTC를 보유하고 있다고 알려졌습니다. 사토시 나카모토의 지갑은 지난 수년간 아무 활동이 없었습니다.

• 블랙록

비트코인 현물 ETF를 이끌어 낸 투자사 블랙록은 현물 ETF IBIT 운영을 위해 약 25만 개의 비트코인을 보유하고 있습니다. 더 많은 이가 블랙록의 비트코인 현물 ETF에 투자할수록 이에 상응하는 비트코인을 구매해야 하죠.

• 마이크로스트레티지

비즈니스 분석 소프트웨어 회사 마이크로스트레티지는 약 20만 5,000개의 비트코인을 보유하고 있습니다. CEO 마이클 세일러의 적극적인 비트코인 구매 전략 때문인데요. 이는 비트코인 전체 공급량에 1%에 달하는 분량입니다.

• 팀 드레이퍼

미국의 벤처 캐피털리스트인 그는 과거 경매에서 약 3만 개의 비트코인을 구입했습니다. 그는 정부 개입에 반대하는 인물로 분산화 시스템을 옹호합니다. 그의 정확한 비트코인 보유량은 알려져 있지 않지만, 계속해서 활발한 옹호 활동을 하고 있습니다.

• 창펑 자오

세계 최대 규모의 암호 화폐 거래소 바이낸스의 공동 창업자인 그는 100억 달러 이상의 순자산을 가진 암호 화폐 억만장자 중 한 명입니다. 그의 BTC 보유량은 정확히 알려져 있지 않지만, 암호 화폐가 개인 포트폴리오 95% 가까이를 차지한다고 언급한 바 있습니다.

21

비트코인은
배신하지 않는다

물리적 가치를 지닌 석유나 금과는 달리 사이버 공간에 존재하는 비트코인은 압수가 매우 어렵습니다. 투자자들이 개인 키를 통해 그 절대적 소유권을 가질 수 있어 인간이 창조한 어떤 자산보다 압수하기 어려운 자산이죠.

비트코인을 소유하고 있다는 증명은 12개의 단어를 활용해 가능합니다. 사토시는 이런 간단한 구조만으로 집, 자동차, 주식 등의 자산보다 훨씬 개인 재산권을 존중할 수 있는 인프라를 만들었죠. 비트코인은 단순히 새로운 투자 자산을 넘어 우리가 디지털 시대 자산을 어떻게 인식하고, 가치를 어떻게 평가하며, 소유권을 어떻게 보호해야 하는지 고민할 수 있는 시작점이 됩니다.

비트코인의 시스템은 한 개인이나 집단이 조종할 수 없는 구조입니다. 이에 고정된 총 공급량은 변함없는 신뢰의 근거가 되고, 이끄는 이들이 없는 구조가 오히려 가장 믿을 수 있는 시스템을 만드는 기반이 될 수 있죠.

자산에 대한 해석은 다양합니다. 이는 법적인 기준에 따를 수도, 개인적인 신념에 따를 수도 있습니다. 많은 이가 아직 비트코인을 비롯한 암호 화폐가 갖는 법적 기준에 대해 이해하지 못하고 있습니다. 비트코인은 미국 현물 ETF 승인 후 증권성 이슈가 사라졌지만, 일반 암호 화폐에 대해서는 증권법과 그 자산성을 이해하는 것이 필요하죠.

비트코인이 매일
새로운 역사를 쓰는 이유

전 세계가 주목하는 가운데 디지털 소유권이라는 패러다임이 우리의 일상과 경제 체계에 어떤 변화를 가져올 수 있는지에 대한 논의가 활발해지고 있습니다. 디지털 시대의 잠재력을 최대로 활용하고 개인의 권리가 더욱 존중받는 미래를 만들기 위해 우리는 '개방성, 무허가성, 그리고 법적으로 인정받는 디지털 소유권'을 보유한 자산을 기반 삼아 토대를 만들어 가야 하죠.

이런 시각으로 비트코인을 들여다보면, 비트코인은 인류 역사에서 전례 없는 혁신의 역사를 써 내려가고 있습니다. 우리는 디지털 자산이라는 새로운 영역에서 창조의 정수에 도달했습니다.

세계의 경제학자와 금융 전문가들이 비트코인의 한계를 언급할 때마다 비트코인은 기대를 넘어서는 성과를 보이며 그 가치를 증명해 왔습니다. 다른 암호 화폐들이 단순한 증권을 넘어서 진정한 자산이 되려는 도전에 직면한 것처럼 비트코인도 이런 도전을 마주했지만, 이를 기회로 삼아 그만의 독특한 특성과 신뢰를 강화해 왔습니다.

비트코인을 거래한다고 하면 대부분이 업비트나 빗썸 같은 거래소를 떠올립니다. 우리는 이들을 통해 거래의 편리함과 효율성을 얻습니다. 하지만 그 이면을 들여다보면 비트코인이 본연으로 지닌 검열 불가능성, 무허가 사용, 절대적인 개방성 같은 핵심 특성이 희석될 수 있음을 깨달아야 합니다. 이런 특성들이야말로 비트코인의 정체성을 규정하고, 그 가치의 기초를 이루는 부분이죠.

비트코인은 단순히 디지털 자산을 넘어서 우리의 경제 활동과 재산에 대한 관념을 새롭게 정의합니다. 이 경제적 혁신 속에서 비트코인에 대한 우리의 신념과 이해는 더 넓은 경제적 자유로 나아갈 수 있는 가능성을 열어 줍니다. 비트코인은 단순한 거래 수단이 아닌, 우리가 앞으로 나아갈 경제적 자유와 직결된 중요한 개념을 만들어 갈 존재입니다.

PART 3

거인은
포트폴리오에
비트코인을 담는다

• 비트코인의 힘 •

—
시장 붕괴에서 살아남으려면 비트코인에 주목하라.

로버트 기요사키(작가, 경제학자)

22

비트코인 빅 이벤트와
필연적 반등

비트코인은 반감기를 기준으로 상승 사이클을 만들었습니다. 그 설계의 초기 디플레이션 특성을 만들어 주고자 채택된 구조였지만, 반감기가 돌아올 때마다 하나의 내러티브로 투자자들의 관심을 모으며 상승장의 촉매로 작용했죠. 특히 2024년의 반감기는 다양한 호재가 겹쳐 더 높은 상승세를 기대하는 투자자들도 이어졌습니다. 이번 반감기에서 비트코인은 한때 7만 2,000달러를 돌파하며 이전 사이클 최고점을 이미 넘었습니다. 게다가 미국 시장에서의 현물 ETF 승인과 공급 감소가 결합되며 더 강한 상승장이 발생할 것이란 기대도 제기되는 상황이죠.

비트코인은 2012년, 2016년, 2020년의 반감기 후 가격이 93배, 30배, 8배 상승했습니다. 이런 역사가 이번 반감기에서도 수익을 얻을 수 있음을 보장하지는 않지만 우리는 트렌드를 볼 수 있죠.

세 번의 사이클과 다가오는 사이클

반감기는 '건전한 돈'으로서의 비트코인 가치를 되새김질하는 기회입니다. 현재 채굴자들은 블록 보상으로 비트코인 6.25개를 받고 있으며, 이는 약 40만 달러에 달합니다. 이 보상은 2024년 4월 18일에서 21일 사이 3.125 비트코인으로 감소됐습니다. 비트코인 블록 채굴 보상이 50비트코인에서 3.125비트코인까지 줄어든 것이죠. 이 같은 보상 감소는 새로운 비트코인의 생성 속도를 조절하여 비트코인의 총 공급량을 제한하는 역할을 합니다. 비트코인의 디지털 금 내러티브가 바로 여기서 발생하죠. 과거의 반감기는 단기적 변동을 발생시키지 않았지만, 반감기가 지난 후 채굴업체들의 비트코인 공급량이 줄어들고 이런 움직임이 시장에 누적되며 상승세로 이어졌습니다.

2016년 있었던 두 번째 반감기와 2020년 있었던 세 번째 반감기 중 비트코인이 1개월 뒤 소폭 하락하거나 상승했지만, 9개월 뒤에는 엄청난 상승을 보였습니다. 공급 감소의 구조를 더 많은 사람이 이해하고 비트코인의 시장 공급량이 줄어든 결과죠. 역사적으로 반감기가 발생한 후 몇 달간 비트코인 가격은 큰 폭으로 상승했습니다. 이런 역사에서 우리가 주목할 부분은 각 반감기 이후 사이클에서 최고점까지의 수익률이 점차 줄어들고 있다는 것입니다.

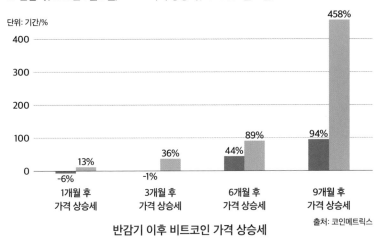

반감기 이후 비트코인 가격 상승세

출처: 코인메트릭스

	반감기	반감기 가격	최고점	최고 가격	상승
첫 번째 사이클	2012년 11월 28일	12.50달러	2013년 11월 29일	1,163달러	93배
두 번째 사이클	2016년 7월 9일	638.51달러	2017년 12월 15일	19,333달러	30배
세 번째 사이클	2020년 5월 11일	8,475달러	2021년 11월 10일	68,982.20달러	8배

출처: 코인메트릭스

비트코인 반감기와 사이클 최고점

올해 비트코인 시장은 과연 어떤 사이클을 만들어 갈까요? 올해 비트코인 현물 상장 지수 펀드(ETF)의 출현으로 비트코인에 대한 관심과 수요가 과거 어느 때보다 증가했습니다.

역사적으로 비트코인 상승장은 반감기 이후 추가 투자자 유입이 이끌었습니다. 비트코인은 그 어느 시기보다 신규 투자자들이 유입하기 용이한 상황에 놓인 상황입니다. 비트코인의 가격이 오르고 시가 총액이 커질수록 비트코인은 무거운 투자 자산이 됩니다. 과거와 같은 가격 상승을 만들어 내기 위해서는 훨씬 더 많은 자금이 유입되어야 하죠. 이번 사이클의 비트코인은 그 덩치가 커지며 무거워졌지만, 상승의 기반이 되어 줄 신규 투자자들이 유입되기 용이한 상황입니다. 현재의 비트코인이 과거와 같은 수배의 상승을 기록한다면 이후 비트코인에게 지금까지 우리가 기대한 변동성과 기회를 기대하기는 어려워질 수 있죠. 비트코인의 이번 사이클이 우리 인생에서 마지막 사이클이 될 수 있는 이유입니다.

23

현금 유동성, 금리,
비트코인 사이클

많은 분이 최근의 비트코인 변동이 역사적 사이클과 어떻게 다른지 질문하곤 합니다. 이에 대한 해답을 찾기 위해 우리는 과거의 흐름을 꼼꼼히 들여다봐야 합니다. 과거 비트코인의 반감기를 되돌아보면 각각의 반감기와 그 후 18개월 동안 비트코인 가치가 수백, 때로는 수천 퍼센트까지 치솟은 것을 목격할 수 있습니다. 이런 경향은 투자자들의 기대감을 높이고, 이번 사이클도 비슷한 양상을 보일지에 대한 기대감을 자아내죠.

그렇지만 과거의 각 상승장도 꽤나 큰 하락을 경험했음을 인지

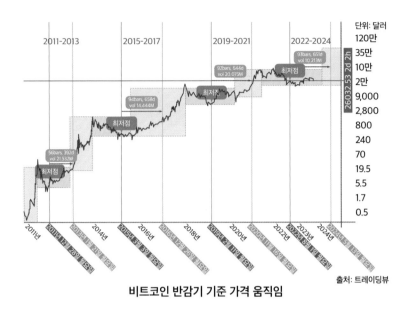

단위: 달러

| 2011-2013 | 2015-2017 | 2019-2021 | 2022-2024 |

비트코인 반감기 기준 가격 움직임

출처: 트레이딩뷰

하는 것이 중요합니다. 예컨대 2017년의 상승장에서는 비트코인 가격이 10% 이상 급락한 순간이 10~12차례 발생했습니다. 2020년 에도 비록 전체적인 추세가 상승이었음에도 10%에서 30% 사이의 조정을 겪었습니다.

사람들은 이번 추세가 과거와 어떤 차별점이 있는지 궁금해합니다. 비트코인은 한국 시간 2024년 3월 말 기준 약 10% 하락한 6만 5,000달러에 거래됩니다. 3월 7만 2,000달러가 비트코인의 고점이라 생각하느냐 물으신다면 저는 '아니다'라고 답변드리겠습니다. 지난 상승장에서도 비트코인은 20%에서 30%까지 하락하기도 했습니다. 이에 비춰볼 때 이번 하락은 아직 온건한 수준이죠.

지난 2022년, 암호 화폐 세계는 전례 없는 사태를 맞이했습니다. 비트코인의 가격이 2만 달러 아래로 떨어지며 과거의 최고점을 하회하는 일이 발생했죠. (불과 2년 만에 비트코인은 다시 4배 가까이 상승했습니다.) 이는 마치 역사적 경향과 기존의 룰을 깨트리는 듯한 사건이었습니다. 여기에 더해 아직 반감기가 오지 않았음에도 지난 최고점을 갱신하며 더 높은 변동성을 보였죠. 이런 상황들은 비트코인이 지금까지와는 다른 길을 걷고 있음을 의미합니다.

비트코인의 본질에는
변함이 없다

과거 비트코인은 금리 환경에 대한 지표로 여겨졌습니다. 낮은 금리에서는 가치가 상승하고, 금리가 오르면 가격이 떨어지는 경향이 있었죠. 그러나 최근 비트코인은 고금리가 유지되고 있음에도 거의 최고치에 가까운 가치를 유지하고 있습니다. 이는 비트코인이 전 세계적 유동성의 한 지표로서 기능할 수 있다는 새로운 시각을 우리에게 제시하고 있습니다.

세계 경제의 심장부에서 우리는 미국, 유럽, 일본 같은 경제 대국들이 자산 매각과 금리 인상이라는 수술을 통해 시장의 유동성을 빼내려 애쓰는 모습을 목도했습니다.

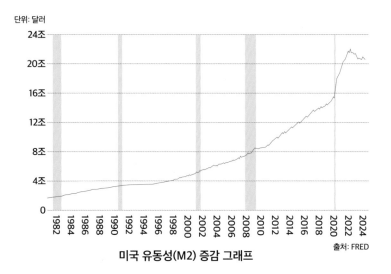

단위: 달러

미국 유동성(M2) 증감 그래프

출처: FRED

• M0 현금

일반적으로 국가가 지정하여 쓰는 돈, 즉 통화.

• M1 협의통화

M0+비은행 발행인의 여행자 수표, 요구불예금, 기타 수표 가능 예금(OCDs).

• M2 광의통화

M1+저축성 예금+개인을 위한 10만 달러 미만의 정기 예금과 단기 예금 계좌.

이와 대조적으로 중국을 포함한 몇몇 중앙은행은 유동성이라는 생명수를 계속 주입하며 다른 길을 걸었습니다. 이 국가들의 행보는 서로 상반되는 것처럼 보이지만, 비트코인이라는 거울에 비친 그들의 모습은 더 큰 경제적 흐름을 반영하는 복잡한 패턴을 드러냅니다.

전 세계의 유동성이라는 바다는 대형 중앙은행들의 긴장에도 꾸준히 확장되는 추세에 있습니다. 이런 현상은 경제적 패러독스로 국가들 간의 미묘한 경쟁과 그들이 유도하는 유동성의 글로벌 흐름 속에서 발생합니다. 지난 1년간의 관찰을 통해 전 세계 유동성의 증가는 비트코인의 가치 상승과 깊은 연관성을 가지며, 이는 비트코인이 단순한 금리 종속 자산의 성격을 넘어 세계 경제의 근본적인 추세를 포착하고 있음을 알 수 있었습니다. 즉 사람들이 유동성(돈)이 증가하는 시점에 비트코인을 투자 자산으로써 고려하기 시작했다는 의미죠.

높은 금리 시기에 전 세계 유동성이 불어나는 현상을 목도하면서 한 가지 의문을 가집니다. 만약 유동성이 끊임없이 증가하고 금리가 내려간다면 우리는 어떤 미래를 마주할까요?

이 시점에서 제롬 파월을 포함한 경제 지도자들이 2024년 초까지 높은 금리를 고수할 것을 주장하고 있음에도 시장의 예측은 급격히 변하고 있습니다. 한때 7~8차례의 금리 인하가 예상되었지만, 이제는 겨우 세 차례로 줄었고 그마저도 불확실성에 휩싸여 있

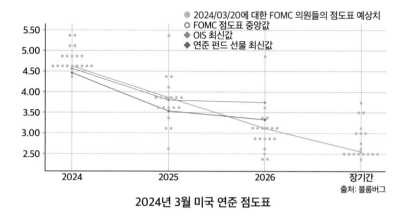

2024년 3월 미국 연준 점도표

습니다.

높은 금리가 지속될 경우 비트코인이 글로벌 유동성의 변화를 반영할 가능성이 높습니다. ETF의 등장은 비트코인 시장에 새로운 참가자들을 끌어들였습니다. 그리고 이는 600억 달러 이상의 투자금이 그레이스케일에서 ETF로 옮겨 가고, 11개의 승인된 ETF를 통해 새로운 자금이 유입되며 비트코인 가치의 상승으로 이어진 전례 없는 성공을 가져왔습니다.

블랙록의 래리 핑크가 비트코인을 '디지털 황금'으로 칭한 것은 단순한 비유가 아닙니다. 과연 그는 왜 이런 비교를 들었을까요? 우리는 여기서 한 번 더 생각해 볼 필요가 있습니다.

역사적으로 투자자들은 경제의 불확실성이 클 때 금과 같은 안전 자산으로의 전환을 선호해 왔습니다. 예컨대 글로벌 유동성이 팽창하고, 이자율이 바닥을 치며, 인플레이션이 고개를 들 때죠.

그러나 전통적인 피난처는 종종 기대에 못 미치는 수익률을 보여 줬습니다. 특히 금이 역사적 고점을 찍었음에도 그 가치 상승률은 비트코인이 경험한 폭발적인 수백% 상승률에 비해 상대적으로 소박한 10%대에 머물렀습니다.

이는 금과 비트코인 사이에서 자본이 이동할 때 비트코인의 가치가 훨씬 큰 폭으로 증가할 수 있다는 신호로 해석할 수 있습니다. 래리 핑크의 발언은 단순한 비유를 넘어 비트코인이 금을 대체할 새로운 자산 클래스로 자리매김할 수 있는 잠재력을 시사하는 것으로 볼 수 있죠.

이번 상황은 지금까지 우리가 경험한 과거와 같으면서도 다른 부분이 있습니다. 다른 부분은 현재 우리가 경험하고 있는 주기에 참여하는 인물들, 자본의 유입 경로, 그리고 특히 비트코인의 반감기 이벤트를 앞두고 있는 거시 경제적 환경이 있죠. 하지만 몇 가지 핵심적인 요소는 변하지 않았습니다.

1. 장기 투자자들의 꾸준한 비트코인 보유
2. 새로운 블록의 안정적 생성
3. 예측 가능한 비트코인 반감기의 진행
4. 그리고 공급과 수요의 기본 법칙

수요가 지속적으로 존재하고 공급이 절반으로 감소하면 시장이 변화에 적응하며 가격이 상승하게 됩니다. 여기에 더해 탐욕과 공포 같은 변하지 않는 인간의 감정이 시장의 움직임에 계속해서 영향을 끼칩니다. 이 모든 것이 현재의 경제 행보에서 비트코인 같은 자산에 투자하는 것이 단순한 투기가 아니라 시대의 흐름을 읽고 미래를 대비하는 현명한 결정일 수 있음을 보여 줍니다.

우리는 지금 활기 넘치는 시장의 상승세를 목도하고 있습니다. 이는 기술의 발전과 함께 채택 비율의 증가, 실제로 투입되는 자본의 증가로 인해 일어나는 현상입니다. 하지만 이런 상승세는 결국 과열로 이어지며, 그 이후에는 공포가 지배하는 시장의 침체가 오게 마련입니다. 사람들이 패닉에 빠져 판매를 시작하면 비트코인은 또다시 약세 시장으로의 여정을 시작하게 됩니다.

하지만 비트코인의 본질은 변함이 없습니다. 비트코인은 항상 같은 메커니즘에 의해 움직이며 인간의 심리와 행동에 깊이 영향을 받습니다. 현재 우리는 비트코인의 고유한 가치와 그것이 제시하는 독특한 제안을 다시 한번 깊게 고민해 볼 수 있는 중요한 시점에 서 있습니다. 비트코인이라는 자산이 인간의 본성과 어떻게 상호 작용하며 우리의 경제 활동에 어떻게 자리 잡을지를 이해하는 것, 이것이 바로 우리가 지금 해야 할 일입니다.

24

비트코인은 앞으로
더욱 강해진다

$\textcircled{B}$

"비싸서 못 살 때까지 매일 비트코인 한 개씩 사겠다."

-엘살바도르 대통령 나이브 부켈레

엘살바도르는 비트코인을 법정 화폐로 채택하고 2022년 11월 17일부터 하루 1BTC를 지속적으로 구매하고 있습니다. 당시 비트코인은 사상 최고치 6만 9,000달러에서 하락하기 시작한 시점이었습니다. 엘살바도르 대통령 나이브 부켈레는 엘살바도르의 비트코인 지갑 주소와 해당 거래의 내용도 공개했습니다.

엘살바도르가 매일 한 개의 비트코인을 구매한다는 소식은 단순한 경제 뉴스를 넘어 지정학적 판도에 변화를 일으키는 신호탄입니다. 이 국가의 공개적인 비트코인 구매 전략은 다른 국가들에게도 영감을 주어 비슷한 경로를 고려하게 만들었습니다. 국가들은 비트코인 투자가 자국 경제에 미칠 잠재적인 긍정적 효과를 탐색하면서 동시에 이런 움직임이 미국 같은 주요 국가들과의 관계나 비트코인 가치 변동성에 따른 위험을 어떻게 조율해야 할지 신중히 고민하고 있습니다.

개인 투자에서 기업과 국가 전략으로
디지털 부의 확장

이런 시기에 비트코인은 단순한 투자 대상을 넘어서 국가 경제 전략의 핵심 요소로 자리매김할 가능성을 보여 줍니다. 개인 투자자부터 국가 단위의 경제 정책 결정자에 이르기까지, 모든 이가 비트코인의 잠재력을 진지하게 고려하는 모습을 우리는 목격하고 있습니다. 이는 비트코인이 세계 경제와 지정학적 구도에 중대한 영향을 끼칠 수 있는 중요한 지표임을 시사합니다.

이제 우리는 비트코인을 통해 새로운 경제적 자유의 가능성을 모색하며 이 디지털 화폐가 세상을 어떻게 변화시킬지를 주목해야 합니다. 반감기의 공급 감소 로직을 넘어 이런 요소들이 전해진 우

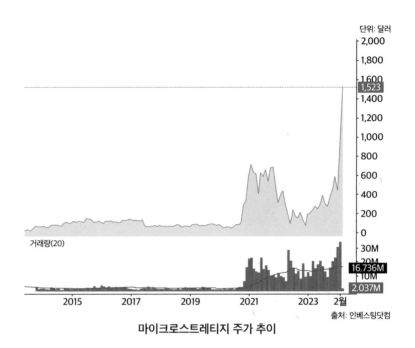

단위: 달러

2,000
1,800
1,600
1,523
1,400
1,200
1,000
800
600
400
200
0

거래량(20)

30M
20M
16.736M
10M
2.037M

2015   2017   2019   2021   2023   2월

출처: 인베스팅닷컴

마이크로스트레티지 주가 추이

리 앞의 사이클은 이전의 사이클보다 훨씬 강할 수 있죠.

마이크로스트레티지와 그 CEO 마이클 세일러는 비트코인 투자 만으로 시가 총액 4조 원의 기업을 만들어 내기도 했습니다. 이는 대한민국 LG 전자 시가 총액의 20%를 넘는 수치입니다. 대규모 투자는 비트코인 생태계 안에서 ETF, 국가, 기업들이 어떤 역할을 할지에 대한 논의를 촉진합니다. 특히 비트코인에 대한 규제와 인 식이 발전하는 상황에서 이런 주체들의 움직임은 분석해야 할 중 요한 요소가 됩니다.

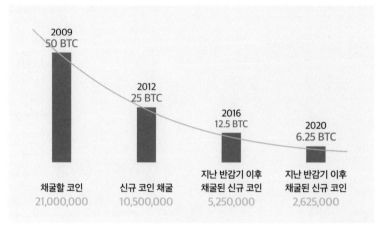

2009
50 BTC

2012
25 BTC

2016
12.5 BTC

2020
6.25 BTC

채굴할 코인
21,000,000

신규 코인 채굴
10,500,000

지난 반감기 이후
채굴된 신규 코인
5,250,000

지난 반감기 이후
채굴된 신규 코인
2,625,000

출처: Investopedia

비트코인 채굴 리워드

비트코인의 가치는 계속해서 상승하고, 그 변동성은 점차 안정돼 가고 있습니다. 그리고 이 성장은 절대 우연이 아닙니다. 비트코인의 정치적 중립성, 분산화, 예측 가능한 운영이 제시하는 비트코인만의 강력한 서사가 반영되어 있죠. 프로그래밍대로 생성되는 비트코인은 수요와 무관하게 공급의 일관성을 유지합니다.

ETF 승인, 마이클 세일러 같은 영향력 있는 인플루언서, 국가들의 비트코인 수용, 심지어 자신의 가격 변동성에도 비트코인은 흔들림 없이 그 목표를 향해 나아갑니다. 비트코인 프로토콜은 설계대로 정확히 실행되며, 그 안정성은 비트코인을 단순한 화폐 이상의 가치를 지닌 자산으로 만듭니다. 비트코인의 꿋꿋한 독립성은 바로 그것을 특별하게 만드는 요소입니다. 투자 상품 중 이런 안정성과 가치를 가진 대상은 흔하지 않고, 바로 이 부분이 비트코인을 매력적인 투자 대상으로 만들어 내죠.

비트코인의 독립성, 예측 가능한 공급, 증가하는 수요는 모두 이 디지털 자산이 단순한 통화를 넘어선 의미를 지니고 있음을 증명합니다. 비트코인은 금융 세계에서 드문 안정성과 가치를 제공하며, 이는 비트코인을 매력적인 투자 대상으로 부각시킵니다. 비트코인의 여정은 시장의 순환과 함께 펼쳐지며, 가격 상승은 새로운 투자자들을 유치하고, 때때로 하락장은 일부 투자자들을 시장에서 이탈시킵니다.

이런 사이클에서 비트코인의 먼 미래를 볼 수 있는지는 여러분이 비트코인의 가치를 이해하고 있는지의 여부와 직결되죠. 여러분이 비트코인에 투자하고자 한다면 비트코인 백서를 읽고 사토시 나카모토의 비전과 비트코인의 기본 원리를 이해하는 것 또한 중요합니다.

비트코인이 단순한 투자 수단이 아닌, 우리가 경제적 자유로 가는 길잡이가 되어 줄 수 있을까요? 이를 알아보기 위해서는 비트코인에 대한 심층적인 이해가 필요합니다. 이는 비트코인뿐만 아니라 모든 투자 결정에서 기초가 되어야 하는 근본적인 이해죠. 비트코인이 우리의 가치를 보관할 수 있는 창고임을 공감하게 되었다면 다음으로 필요한 것은 우리 앞에 놓인 경제 전망이 어떤 시장 유동성 추이를 불러올지 전망하는 것이 필요합니다. 세계적 전염병이 지난 후 고금리가 유지되고 있는 지금의 세계 경제가 어떤 방향으로 나아가고 있는지를 이해하는 것입니다.

25

비트코인의 최고 호재는
아직 오지 않았다

비트코인 블록 채굴 보상은 6.25개,

중앙은행이 통화량을 조절하는 것과 달리 비트코인의 총 공급량은 변경 불가능한 2,100만 개로 고정되어 있습니다. 현재까지 1,900만 개가 넘는 비트코인이 채굴되었고, 이제 남은 비트코인은 단 200만 개에 불과하죠. 이런 희소성은 비트코인이 '디지털 금'으로 불리는 이유 중 하나이며, 비트코인의 경제적 가치를 극대화하는 주요 요소가 됩니다.

반감기라 불리는 이 고유한 메커니즘은 비트코인의 신규 공급을 계속해서 줄여 나갑니다. 현재 비트코인 블록 채굴 보상은 6.25개,

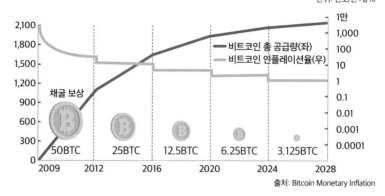

단위: 연도/만 개/%

출처: Bitcoin Monetary Inflation

비트코인 누적 채굴량과 인플레이션율

이는 반감기가 지난 뒤 3.125개로 줄어듭니다. 수요와 공급의 원칙에 따라 시장 공급을 계속해서 줄여 나가는 구조입니다. 비트코인의 채굴 보상 감소는 인플레이션에 대한 강력한 대응책이며, 이는 비트코인이 경제적 가치를 지닐 수 있도록 만들어 갑니다.

희소성의 원칙에 따라 채굴 보상의 감소는 비트코인의 가치를 더욱 높이고 시간이 지날수록 그 가치가 증가할 가능성을 시사하죠. 세상에 이런 구조를 처음 제시한 것이 바로 여러분이 마주한 비트코인입니다. 그리고 아마 이런 구조를 제시할 수 있는 마지막 무언가가 되겠죠.

비트코인 반감기는 이 디지털 자산이 어떻게 경제적 가치를 지니며, 인플레이션에 대항하고, 시간이 지남에 따라 그 가치가 어떻게 변화할지에 대한 기본 원리를 제공합니다. 비트코인 블록체인에 거래 블록이 10분마다 추가되는 이 메커니즘은 채굴자들에게 지속적인 동기를 부여하며 비트코인 생태계의 토대를 견고히 합니다.

비트코인의 결제 및 자산 축적 등 용도가 확대되어 네트워크가 성장하고, 새로운 비트코인은 줄어들고. 더 많은 사람이 비트코인을 보유하고자 하고, 시장에 나오는 비트코인은 적어지고. 이 논리가 바로 비트코인이 가치를 만들어 가는 단순하고 아름다운 논리입니다.

비트코인의 첫 번째 반감기는 2012년에 이뤄졌고, 그 이후로 두 번째, 세 번째 반감기가 각각 2016년과 2020년에 일어났습니다. 반감기는 비트코인의 보상 체계를 근본적으로 변화시켰습니다. 처음에 50BTC였던 보상은 반감기마다 절반으로 줄어들며, 마지막 반감기인 2140년에 도래할 때는 더 이상 새로운 비트코인이 생기지 않게 됩니다. 비트코인 경제 이론이 현실화된다면 새로운 비트코인이 시장에 공급되지 않는 '공급 충격'이 비트코인 가격을 급등시킬 수 있죠. 반감기는 단순한 이벤트가 아닌 비트코인이 지속적으로 성장하고 발전하는 데 중요한 역할을 하는 로직입니다.

이렇듯 비트코인의 미래는 너무나 투명합니다. 공급이 계속해서 줄어들고 있죠. 그렇다면 미래 비트코인을 향한 수요는 어떻게 될까요? 우리는 이를 통해 경제적 자유를 향한 한 걸음을 내디딜 수 있습니다. 비트코인의 여정은 계속됩니다. 여러분은 미래 비트코인을 갖고 싶어 하는 사람이 지금보다 많아질 것이라 생각하실까요?

비트코인의
충격적인 특이점

지난 10년간 한 투자 대상이 시장에서 돌풍을 일으키며 금 ETF는 물론 역사적으로 투자자 사이에서 인기를 끈 ETF에게도 도전장을 던지는 놀라운 성장을 보였습니다. 본래 금의 대안으로 탄생한 비트코인이 빠르게 투자계의 새로운 강자로 떠오르며 S&P 500 지수 ETF의 자리마저 위협하는 모습은 매우 주목할 만합니다.

마치 모든 기업이 웹 사이트를 필수로 갖춰야 하는 것과 같이 ETF의 등장은 굉장히 많은 투자자에게로 그 도달 범위를 넓히는 새로운 확장 기회입니다. ETF는 투자자에게 다양한 기금을 신속하고 편리하게 거래할 수 있는 특징을 부여합니다. 이제 투자자들은 블랙록, 피델리티, 아크 인베스트 등 다양한 기업을 통해 비트코인을 하루에도 수차례 거래할 수 있게 되었으며, 애플이나 구글 주식같이 비트코인을 포트폴리오에 포함할 수 있게 된 것이죠.

기존의 비트코인이 '인터넷 홈페이지도 없는 음식점'이었다면, 지금의 비트코인은 '온라인 메뉴에 배달 주문까지 되는 음식점'으로 업그레이드되었습니다. 상상해 보세요. 우리가 어떤 식당에 가려고 했는데, 온라인에 관련 정보가 없다면 어떨까요? 처음에는 가려 했다가도 '이거 갈 만한 음식점은 맞아?' 하는 생각에 갈 생각이 뚝 떨어지겠죠. 투자 시장에서 기존 비트코인이 바로 이런 위치였습니다. 이를 알고 투자하고자 해도 새로운 허들을 넘어 직접 찾아가야 했죠.

현물 ETF의 출시로 비트코인은 블룸버그와 주식 거래 앱에 올라가 거래됩니다. 이 신기술을 모르는 투자자들도 비트코인을 투자 대상으로 고려할 수 있고, 단순한 거래를 넘어 이를 활용해 변동성과 신용을 창출해 내는 것도 가능해졌습니다. 이는 전체 금융 생태계에 새로운 패러다임을 제시한 변화입니다.

2024년 1월, 11개의 현물 비트코인 ETF가 승인됨으로써 비트코인 투자에 새로운 장이 열렸습니다. 이제 비트코인은 투기의 대상을 넘어서 신뢰할 수 있는 투자 자산으로서의 지위를 확고히 했습니다. 전 세계의 투자자들이 이제 전통적인 금융 시장의 틀 안에서도 비트코인에 접근할 수 있게 되었으며, 이는 비트코인의 가치와 그 잠재력을 더욱 부각하는 전환점이 되었죠.

비트코인 투자는 여전히 많은 이에게 높은 장벽으로 다가옵니다. 복잡한 거래 과정과 보안 문제는 많은 투자자를 망설이게 만들죠. 하지만 현물 비트코인 ETF의 등장은 그러한 불편함을 해소하며, 비트코인에 대한 접근성을 대폭 향상시켰습니다. 이 ETF들은 투자자들이 직접 비트코인을 소유하지 않고도 그 가치에 투자할 수 있는 길을 열어 줍니다. 기존의 비트코인 선물 ETF와는 다른 접근법으로, 투자자들에게 더 직관적이고 간단한 방식으로 비트코인 시장에 참여할 기회를 제공합니다.

이제 소매 투자자와 트레이더들은 복잡한 보안 조치나 별도의 저장 공간 없이도 비트코인의 가치 변동에 투자할 수 있습니다. 더이상 비트코인을 직접 보유하지 않아도 되며, 은퇴 계좌나 비트코인에 노출되기를 원하는 기관 투자자들에게도 이상적인 선택지가 될 수 있습니다. 현물 ETF의 투자 방법 확대를 넘어 비트코인이라는 자산을 사람들이 바라보는 시선을 바꿀 수 있는 것이죠. 과연 '디지털 금'으로 불리던 비트코인이 기존 금을 대체하는 자산으로 자리 잡을 수 있을지 볼 수 있는 겁니다.

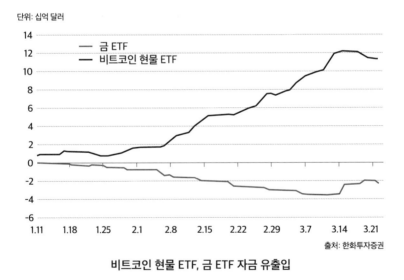

비트코인 현물 ETF, 금 ETF 자금 유출입

과거 금 현물 ETF가 보여 준 역사처럼 비트코인 ETF도 초기에 급성장할 수 있는 잠재력을 지니고 있습니다. 하지만 그 성장은 단순히 숫자의 증가가 아니라 경제적 흐름과 맥락을 더 깊게 이해해야 하는 과정입니다. 장기적으로 보면 비트코인 현물 ETF의 등장은 투자 포트폴리오 다양화와 은퇴 계획 확장에 큰 역할을 하게 될 수 있습니다. 비트코인이 글로벌 금융 시스템 내에서 점점 더 중요한 자리를 차지해 가는 상황이죠. 그리고 증가하는 채택률, 일반 대중의 접근성 향상, 시장 유동성의 증가는 모두 비트코인의 장기적 가치 상승을 지지합니다.

하지만 비트코인 현물 ETF의 승인이 모든 암호 화폐 ETF의 문을 여는 것은 아닙니다. SEC 게리 겐슬러는 비트코인 현물 ETF 승인 결정이 난 이후 다른 암호 화폐들에 일괄 적용되는 것이 아니라며 선을 그었죠. 암호 화폐 시장에 이렇게 적대적인 게리 겐슬러마저 비트코인의 자산성에는 반기를 들 수 없었던 것입니다.

26

비트코인은 어떻게
주류 자산이 될까?

2020년으로 시간 여행을 해 보죠. 우리는 역전된 수익률 곡선과 대규모 CEO 사임 등 경기 침체를 예고하는 다양한 신호를 목격합니다. 이런 신호들은 경제적 불안정을 예고했고, 예상치 못한 팬데믹의 발발은 본격적인 유동성 위기로 이어졌습니다. 이 위기에서 사람들은 불확실성에 직면하여 자산을 처분하려 했으며, 급격한 시장 변동에 정부의 개입이 이어졌습니다. 연방 준비 제도는 두 차례에 걸쳐 긴급 금리 인하를 단행해 이자율을 사상 최저치인 0%로 조정했고, 정치인들은 경제를 부양하기 위해 엄청난 규모의 재정 정책을 시행했습니다. 통화와 재정 정책의 결합은 자산 가격의 회복을 신속하게 이끌었습니다.

경제학 수업에서 배운 것처럼 거대한 규모의 화폐 발행은 보통 인플레이션으로 이어지기 마련입니다. 일부 전문가들은 이 인플레이션이 '일시적'일 것이라거나 '디플레이션적 상황'에서는 무시해도 될 것이라고 주장했지만, 그들의 예상은 빗나갔습니다. 실제로 인플레이션이 찾아왔고, 이 과정에서 비트코인의 가치 상승은 주목할 만했습니다. 2020년, 7,000달러로 시장을 시작한 비트코인은 약 1년 뒤인 2021년 4월, 6만 달러를 돌파하며 역대 고점을 갱신했습니다. 7배에 가까운 폭등, 인플레이션 헤징 수단이라는 내러티브에 기반을 둔 이 상승세는 2021년 연중 인플레이션이 5% 대를 돌파해 이를 대비하는 자산이 필요하다는 인식이 투자자 사이에서 높아지며 가능했습니다.

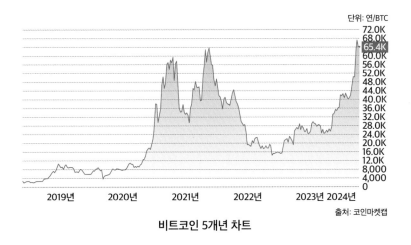

비트코인 5개년 차트

이 기간 비트코인이 상승만 한 것은 아닙니다. 중국의 채굴 금지 결정은 채굴자들의 대이동을 초래했습니다. 이는 네트워크 해시 레이트(연산력)가 50% 이상 줄어드는 결과로 이어지기도 했죠. 정부 규제에 대한 우려와 채굴업자들의 사업 종료에 기인한 변동성은 비트코인이 3만 달러까지 급락하는 결과로 이어지기도 했습니다. 이후 인플레이션 급등과 새로운 채굴 인프라가 확충되며 비트코인은 다시 6만 9,000달러라는 신고점을 갱신했습니다.

여기서 다시 1년 뒤 2022년, 비트코인은 힘겨운 시기를 겪습니다. 여러 금융 기관의 위기가 겹쳐서 그 가치가 1만 5,000달러에서 1만 7,000달러 사이의 낮은 수준으로 떨어졌죠. 이후 비트코인의 가치는 점진적으로 회복되어 4만 2,000달러에 이르렀습니다. 이는 단순히 숫자의 변동이 아니라, 글로벌 경제의 유동성 증가와 특히 중국의 유동성 확대가 서방 중앙은행들의 유동성 축소 노력을 상쇄하며 금융 자산에 긍정적인 환경을 조성한 결과입니다. 이런 변화는 글로벌 금융 정책과 암호 화폐 시장의 깊은 상호 연결성을 여실히 드러냈습니다.

시장 참가자들은 항상 미래를 예측하려 하지만, 비트코인은 그 예측을 뛰어넘는 변동성을 보여 줬습니다. 이는 비트코인이 단순한 투자 대상을 넘어 글로벌 경제 흐름에서 중요한 역할을 하고 있음을 시사합니다. 이런 변동성을 이겨 낼 수 있는 기반은 바로 비트코인이 사라지지 않을 것이란 우리의 믿음입니다. 비트코인

ETF의 승인 가능성과 함께 연방 준비 제도의 통화 정책 조정에 대한 기대가 시장에 새로운 활력을 불어넣었습니다.

2024년 1월 11일, 비트코인의 역사는 새로운 장을 열었습니다. 11개의 비트코인 ETF가 빛을 보며 기관 투자자들의 반응이 예상을 훨씬 뛰어넘었습니다. 특히 거대 자산 운용사 블랙록이 이끄는 펀드는 비트코인을 대규모로 모으며 시장에 거대한 파도를 일으켰습니다. 몇 년 전까지만 해도 사라진다던 비트코인은 3월 ETF 자산 시장에서 은의 시가 총액을 뛰어넘었죠.

2024년 3월 12일 기준 자산별 시가 총액 순위는 다음과 같습니다.

1위: 금 - 14.65조 달러

2위: 마이크로소프트 - 3.01조 달러

3위: 애플 - 2.67조 달러

4위: 엔비디아 - 2.14조 달러

5위: 사우디 아람코 - 2.06조 달러

6위: 아마존 - 1.79조 달러

7위: 알파벳(구글) - 1.72조 달러

8위: 비트코인 - 1.42조 달러

9위: 은 - 1.39조 달러

10위: 메타(페이스북) - 1.23조 달러

개인에서 기관으로
소유가 확장된 비트코인

ETF 기반 수요 증가가 비트코인 가격에 미친 영향은 수요와 공급의 법칙이 가격에 어떻게 작용하는지를 극명하게 보여 줍니다. 비트코인 시장은 이런 역학이 더욱 두드러집니다. 다른 상품들과 달리 비트코인의 공급량은 프로토콜에 의해 고정되어 있어 수요의 상승이 곧바로 가격 상승으로 이어지기 때문이죠. 여기에 더해 2024년 4월에 비트코인 반감기가 있습니다. 이는 하루에 생성되는 비트코인의 양을 절반으로 줄여 이미 존재하는 수요와 공급의 불균형을 더욱 심화시킬 수 있습니다. 만약 현재의 수요가 지속된다면 우리는 비트코인 공급에 대비해 더욱 극단적인 가격 상승을 보게 될 가능성이 있죠.

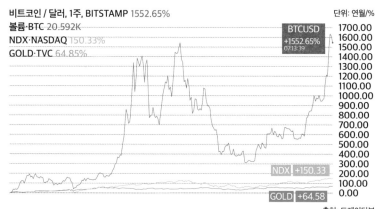

비트코인, 나스닥, 금 5개년 차트

비트코인 가격 상승에 대한 예측은 미래가 언제나 불확실하기에 명확히 제시하기 어렵습니다. 시장이 과열되어도 비트코인은 변함없이 자신의 역할을 충실히 수행하며 끊임없이 트랜잭션 블록을 처리합니다. 시장의 관심이 멀어져도 비트코인은 꾸준히 자신의 역할을 이어 갑니다. 이런 상황에서 기관 투자자들의 관심이 증가하고 있죠. 많은 기업이 자신들의 자산에 비트코인을 편입하려 하고 있습니다.

이들이 비트코인에 투자하는 이유는 다양합니다. 일부는 인플레이션이나 화폐 가치 하락의 대비책으로 비트코인을 보는가 하면, 다른 이들은 비트코인을 세계의 유동성 바로미터로 인식합니다. 비트코인 현물 ETF의 등장은 이들이 비트코인을 규제 이슈에 얽매이지 않고 보유할 수 있게 해 줬죠.

비트코인 투자의 풍경이 점차 진화하고 있습니다. 비트코인을 향한 믿음이 굳건했던 과거 투자자들과는 다르게 최근의 구매자들은 특히 금융 분야의 전문가들이 중심이 되어 비트코인의 가치 상승에 따른 포트폴리오의 재조정을 염두에 두고 있습니다. 이는 시장에 매도 압력이 발생할 수 있음을 시사하며, 시장의 역학을 면밀히 모니터링해야 할 필요성을 강조합니다.

비트코인 보유자의 변화와 가격 변동성은 감시의 중요성을 더욱 부각합니다. 미국 증권 거래 위원회가 비트코인 상장 지수 펀드를 승인한 것은 규제 면에서 비트코인에 대한 비판을 어렵게 만

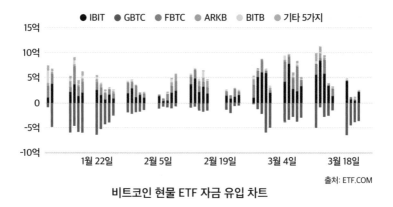

비트코인 현물 ETF 자금 유입 차트

출처: ETF.COM

들었습니다. 최근의 규제 당국의 움직임에서 우리는 비트코인이 주류 금융 생태계로 점차 흡수되고 있음을 명백히 알 수 있죠.

블랙록 같은 거인들이 자신들의 펀드에 비트코인을 편입한 것은 전통 금융이 비트코인에 세워 놓은 벽에 첫 쐐기를 박은 일입니다. 월 스트리트는 이제 막 비트코인의 문을 두드리기 시작했습니다. 금융계의 거물들이 비트코인에 자금을 넣을 수 있는 공식적인 승인을 얻었죠. 이들이 본격적으로 자산에 비트코인을 편입해 간다면 어떻게 될까요? 비트코인의 로직과 세상이 주목하는 자산으로서의 역할, 이 둘의 결합은 우리가 기존 세상에서 볼 수 없었던 상승세를 이끌어 낼 수 있을 겁니다.

27

논란이 커질수록
비트코인의 가치도 커진다

비트코인이 시간이 지남에 따라 가치를 유지하고 증가시킬 수 있는 데는 복잡한 논리 구조가 작용합니다. '기술 혁신, 경제 원리, 시장 역학'이 결합된 프레임워크를 통해 이뤄지며, 이런 요소들은 비트코인의 가치 평가를 위한 견고한 기반을 마련합니다.

비트코인의 가치는 시장에서의 수용과 인식에 영향을 받습니다. 더 많은 개인과 기관이 비트코인을 인정하고 투자하면 비트코인의 가치 저장 수단 및 교환 매체로서의 정당성이 커지죠. 이는 시장 가격과 금융 인프라로서의 잠재력에도 영향을 미칩니다. 즉 화폐의 전통적 개념인 달러 같은 법정 화폐가 건전한 구조가 아니라고 판단하는 이들이 많아질수록 이 네트워크, 비트코인은 강해지고 가치가 높아지는 것입니다.

1. 기술 혁신과 네트워크 보안
- 블록체인

비트코인의 가치의 핵심은 투명성, 보안, 그리고 분산화를 보장하는 블록체인 기술에 있습니다. 변하지 않는 원장을 갖춘 블록체인은 중앙 기관 없이도 안전하고 검증 가능한 거래를 가능하게 하여 사용자 신뢰를 높입니다.

- 채굴 및 네트워크 보안

새로운 비트코인을 생성하고 거래를 검증하는 과정인 비트코인 채굴은 네트워크의 보안에 기여합니다. 채굴자들은 복잡한 수학적 문제를 해결하기 위해 연산력을 사용하며, 이를 통해 네트워크를 공격으로부터 보호하고 블록체인의 무결성을 검증합니다.

2. 경제 원칙
- 희소성과 수요

알고리즘에 기반을 둔 비트코인의 희소성은 공급 한계를 만듭니다. 2,100만 개의 코인 한도는 가치를 유지하는 데 중요한 요소가 됩니다. 채택이 증가함에 따라 비트코인 수요가 증가하고, 희소성은 시간이 지남에 따라 가격 안정성과 가치 상승에 기여합니다.

- 분산화와 자율성

비트코인은 분산화된 네트워크에 기반을 두어 정부나 기관의 통제로부터 자유로운 재정적 자율성을 제공합니다. 이는 비트코인의 근본 가치입니다. 통화가 불안정하거나 금융 시스템이 제한적인 지역에서 특히 매력적으로 작용합니다.

3. 시장 역학

- 투기와 투자

투기는 단기적인 변동성에 기여할 수 있지만, 비트코인에 대한 장기적인 투자가 증가하고 있습니다. 기관 투자자들과 기업들이 비트코인을 포트폴리오에 추가하고 있습니다. 이 변화는 가치 저장 수단으로써 비트코인의 잠재력에 대한 인식이 개선됨을 나타냅니다.

- 채택과 효용

비트코인의 증가하는 채택은 지불 수단 및 가치 이전 수단으로써 효용성을 높여 줍니다. 더 많은 기업과 개인이 비트코인을 사용한다는 사실은 디지털 자산으로서 비트코인의 입지를 강화합니다.

비트코인의 가치 및 성장에 있는 논리는 다면적입니다. 이 혁신 기술, 경제 원리, 시장 역학을 이해해야 어디서 비트코인의 가치가 발생하는지 이해할 수 있죠. 우리는 이미 세상을 살며 느끼고 있습니다. 이 논리가 시너지를 일으키며 비트코인이라는 새로운 개념이 우리의 삶에 깊숙이 뿌리 내리고 있다는 것을 말이죠.

익숙함에 속아
기회를 놓치지 마라

비트코인은 전통적인 화폐 시스템에 대한 혁신적인 대안으로 자리 잡았습니다. 열역학, 물리학, 수학의 견고한 원리 위에 세워진 최초의 디지털 화폐로 그 가치를 증명해 왔습니다. 이런 과학적 기반은 비트코인이 단순한 화폐를 넘어 순수하고 오염되지 않은 자산으로서의 신뢰성을 상징합니다.

철강의 예를 들어 보죠. 철강 제조는 에너지 산업의 상징입니다. 이 과정에서 소모되는 막대한 에너지와 비용은 철강이 문명 발전에 필수적인 요소임을 증명합니다. 문명의 진보는 에너지의 효율적 분배와 관리에 달려 있습니다. 이 능력을 갖춘 문명이 성장하게 되죠. 이는 기술의 발전 순서를 통해서도 볼 수 있습니다. 청동기 시대에서 철기 시대로의 전환, 그리고 오늘날 디지털 시대의 도래까지 인류의 역사를 살펴보면 기술의 진보는 항상 전략적 우위를 결정했습니다. 기술과 무기의 발전은 한 국가가 세계 국가의 패러 다임을 이끌어 가게 하죠.

비트코인은 기존의 화폐 시스템을 넘어서는 잠재력을 지니고 있습니다. 이는 우리의 경제 구조와 문명의 발전에 중대한 영향을 미칠 것입니다. 비트코인을 중심으로 한 디지털 자산은 사회와 경제 시스템에 새로운 지평을 열고 있습니다. 철강의 강인함은 뉴욕의 마천루 같은 구조물을 만드는 데 핵심 역할을 합니다. 이는 철강의 내구성과 지속 가능성을 상징합니다. 반면에 목조 주택은 시간이 흐르면 부식한다는 재료의 한계를 보여주는 대조적인 예입니다.

시간을 견뎌 내며 가치를 지속할 건축물을 세울 때 그 기초는 확고하고 견고해야 합니다. 비트코인도 지속 가능하고 변하지 않는 가치를 제공함으로써 전통적인 화폐 시스템의 한계를 극복하는 새로운 경제적 기준을 제시합니다. 미국 달러와 금은 그 가치를 오래도록 유지한다고 평가받지만, 역사에서 인플레이션 같은 사건들은 이 투자 수단의 불확실성을 낱낱이 드러냅니다. 이는 장기적인 가치 보존과 성장을 위한 투자 결정에 있어 우리에게 고찰이 필요함을 알려 주죠.

수많은 투자자가 부의 장기적인 보존에 대해 고민하는 가운데 전통적인 투자 수단이나 부동산 투자는 다양한 위험 요소들로 인해 그 가치를 지속하는 데 한계를 드러내고 있습니다. 안정적이라고 여겨지는 부동산 투자까지도 세금, 유지 관리 비용, 환경적 요인 등에 의해 장기간 가치가 유지되지 않을 위험이 존재하죠. 우리는 이에 대한 대안으로 '경제적 강철'이 필요합니다. 더 내구성 있고 지속 가능한 자산, 시간이 지나도 그 가치를 유지할 수 있는 투자 수난, 우리의 자본을 효과적으로 보호하고 유지할 수 있는 속성을 가진 비트코인입니다.

28

비트코인이
소멸될 수 있다고?

───── ₿ ─────

    비트코인은 디지털 세계의 압축 에너지로 비유됩니다. 이는 우리에게 새로운 시각을 제공합니다. 마치 통조림이 긴 시간 가치를 유지하듯, 비트코인은 내재된 에너지를 효율적으로 보존하는 형태로 우리에게 다가옵니다. 이런 비유는 비트코인이 개인의 자산권을 넘어 에너지 보존성을 극대화하는 구조임을 나타내죠. 비트코인은 에너지의 자산화입니다. 여러분이 보조 배터리를 충전한 뒤 이를 놔둔다면 이 에너지에는 지속적인 손실이 발생합니다. 충전에 사용된 에너지, 여러분의 자산에 가치 하락이 발생하는 것이죠.

만약 이렇게 만들어진 에너지를 다른 기기로 옮기고자 한다면 여기서 다시 손실이 발생합니다. 기간이 길어질수록, 거리가 멀어질수록 이런 에너지 손실은 더욱 높아집니다.

비트코인으로의 에너지 전환을 고려하면 우리는 이 에너지의 효율성을 증진시킬 수 있습니다. 비트코인 채굴자들은 에너지를 활

비트코인 채굴 수익 및 비용 그래프

출처: Glassnode

용해 비트코인을 생산할 수 있으며, 이는 장기적으로 보관하거나 세계 어디로든 최소 비용으로 이동시킬 수 있는 자산이 됩니다. 대표적인 가치 보존 자산인 금은 고갈 가능성, 인플레이션, 조작 위험 등으로 인해 가치 저장 수단으로서 한계를 보입니다.

하지만 비트코인은 시간과 공간을 초월한 가치 저장 수단이 될 수 있죠. 비트코인의 유지 비용은 다른 자산에 대비해 현저히 낮습니다. 수백억 원 상당의 비트코인이 콜드 스토리지, 즉 오프라인 저장 장치에 보관되어 있다면 거의 유지 비용이 발생하지 않으며, 이는 물리적 자산을 유지하는 데 필요한 비용과 비교될 때 그 이점이 더욱 명확해집니다.

은행에 보관된 수백억 원은 몇 명이 이를 나눠 가지든 법적 절차를 통해 쉽게 압수될 수 있습니다. 반면 비트코인 투자자들이 각자의 개인 키를 관리하고 있다면 동일한 가치의 비트코인을 압수하려는 시도는 거의 불가능에 가까운 대규모 작업을 요구하게 됩니다. 수백억 원을 수백 명이 나눠 갖고 있다면 이들에게서 비트코인 지갑 키를 각각 빼앗는 것은 불가능에 가까운 일이 되죠.

비트코인은 경제적 에너지의 순수한 형태로 자리 잡았습니다. 사토시 나카모토의 비전을 구현한 엔지니어들은 허가가 필요 없는, 모두에게 개방된 네트워크에서 운영되는 화폐 자산을 창조함으로써 전 세계 모든 국가, 기업, 개인에게 새로운 기회의 문을 열었습니다. 이는 은행이나 기타 중앙 집중식 승인 체계 없이도 작동하는 궁극적으로 평등한 시스템을 제공합니다.

특히 주목할 점은 비트코인이 지구촌 어디서든 누구에게나 재산권을 부여할 수 있다는 사실입니다. 금융 시스템의 기준이 없는 국가, 전 세계 어디서든 자산을 보유하고 경제적 자유를 누릴 기회를 얻었습니다. 적대적인 정부의 감시를 피해도 비트코인은 그 가치를 잃지 않습니다. 스마트폰과 앱만 있으면, 이 혁신적인 경제 시스템에 참여할 수 있습니다. 비트코인은 사용의 용이성, 뛰어난 접근성, 낮은 유지 비용 등의 특성을 통해 전 세계적인 경제 변화를 이끌며 새로운 자산 클래스로서의 위치를 확고히 하고 있습니다.

비트코인은 가장 독립적인 돈의 네트워크다

안정적인 금융 시스템을 보유한 시민들은 은행을 통한 저축이나 주식 시장 투자 같은 경제 활동으로 개인 자산을 증가할 기회를 얻습니다. 이런 투자 활동은 대체로 인플레이션에서도 자산 가치를 유지할 수 있도록 해 주죠. 그러나 은행 계좌가 부재하고 오로지 현금에만 의존해야 하는 상황이라면 이런 경제적 성장은 훨씬 어렵습니다. 짐바브웨같이 초인플레이션 국가에서 자산 가치를 보존할 수 있다는 것은 경제적 삶과 재산권을 확립하는 과정이 됩니다. 한 사회에서 자산을 유지할 수 없다는 것은 경제적 불안과 직업 상실, 경제적 불확실성으로 이어지게 되죠.

비트코인은 기존 금융 시스템의 제약으로부터 벗어나 경제적 자율성과 보안을 제공하는 혁신적인 수단으로 자리매김하고 있습니다. 이런 국가의 시민들이 겪는 어려움은 당뇨병 환자가 겪는 어려움에 비유할 수 있습니다. 이들은 에너지를 지방으로 전환하는 데 필요한 인슐린을 생산할 수 없으며, 이로 인해 지속적으로 음식을 섭취해도 결국 굶주림을 느끼게 됩니다. 마찬가지로 불안정한 경제 환경에서는 전통적인 금융 체계에 대한 의존이 점점 더 어려워집니다.

경제적 당뇨병에 시달리는 것과 같이 화폐 가치가 급락하는 나라에서의 삶은 개인의 생존과 미래 계획 능력을 크게 저해하며 사회적 발전과 개인의 복지에 심각한 위협이 됩니다. 미래를 설계하고 안정적인 경제적 미래에 투자하는 능력은 사회의 발전과 개인의 안녕을 위해 절대적으로 중요합니다. 비트코인은 이런 능력을 강화하는 혁신적인 수단으로 전통적 경제 시스템의 한계를 뛰어넘는 대안을 제시합니다.

만약 여러분이 미국 상위 헤지펀드에서 수십억 달러를 주무르는 투자자라면 연말을 맞이할 때 여러분의 자산은 연초 대비 10%, 수억 달러가 늘어나 있을 겁니다. 한편 성실하게 자영업을 하는 분이 같은 기간 이 수익을 얻기 위해서는 더 많은 노동을 투입하거나 불안한 상황이라도 가격을 높여야 하겠죠.

비트코인 네트워크는 매일같이 강력해지고, 빠르고, 단단해져 갑니다. 이는 비트코인이 가치 저장의 미래를 주도하는 결정적인 역할을 하고 있음을 증명하죠. 기술과 에너지 영역에서 비트코인은 이미 필수 불가결한 요소로 인식되고 있습니다. 비트코인은 미래 디지털 경제에서 회피할 수 없는 중심적인 역할을 맡게 될 것입니다.

경제적 자유를 고민하는 개인으로서 저는 비트코인 투자는 선택이 아닌 필수라고 생각합니다. 그 비율은 여러분의 믿음에 달려 있겠죠. 비트코인은 이미 세상이 '필요한 존재'가 되었습니다. 그 가치에 '0원'이 된다는 것은 더 이상 고민할 미래가 아닙니다.

29

비트코인이 금을
대체할 수 있을까?

투자 시장에서는 항상 경기 침체의 가능성을 주목했습니다. 특히 대공황 이후 처음 팬데믹으로 인한 경기 침체는 세계가 경험하지 못한 충격이었죠. 투자자들은 경제적 위기가 반복되는 침체 속에서 자산을 보호할 수 있는 안전 자산에 새롭게 관심을 갖게 되었습니다.

금은 오랜 역사를 통해 안전 자산의 자리를 확립했습니다. 주식 시장이 하락하거나 경기 침체 위험이 높아질 때 많은 투자자가 주식같이 변동성이 큰 자산에서 안정적 가치를 가진 금으로 자산을 이동하는 경향이 있습니다. 이는 금 가격이 더욱 안정적인 수준을 유지할 수 있도록 하죠. 반대로 주식 시장이 상승할 것으로 예상될 경우 금 시장에서 주식 시장으로 자금이 움직이기도 합니다. 이에 투자자들은 금을 헤지 수단이라 말하기도 합니다. 헤징은 다른 투자 상품과 반대 방향으로 움직여서 한 투자 자산에서 발생하는 리스크를 분산시킬 수 있는 전략입니다. 코로나 팬데믹 기간 중 금의 가치가 급등한 것이 바로 이런 특성을 반영하죠.

2019년 초 1,300달러 수준에 거래되던 금은 2020년 중반 2,100달러까지 급등했습니다. 이후 경제가 안정되며 그 가격이 점차 하락세를 탔죠. 이는 투자자들이 불확실한 경제에서 금 같은 귀금속에 투자해 손실을 최소화하는 방법을 선호한다는 것을 의미합니다. 역사적으로 그 효과가 입증되고 사랑받는 방법이죠. 비트코인은 이런 전통 투자 방법에 도전장을 내밀고 있습니다. 세계 투자 시장에서 자리 잡으며 널리 인식되고 지지를 높이고 점차 더 매력적인 자산으로 자리매김해 가고 있죠.

비트코인 역시 지난 팬데믹 기간 중 급등했습니다. 많은 투자자들이 주식 시장 불안정에 대비해 비트코인에 투자하기 시작했고, '안전 자산'이라는 내러티브를 믿는 사람들이 하나하나 늘어 갔습니다. 이런 움직임은 비트코인이 지난 2021년 기존 최고점인 6만 9,000달러를 기록할 수 있게 하기도 했죠. 이후 테라 루나와 FTX 사태를 겪으며 급락했던 비트코인은 2024년 3월 현물 ETF 승인과 함께 역대 최고점을 다시 갱신했습니다. 이는 비트코인이 장기적인 투자 자산으로 가치를 지녔음을 입증하는 순간이었죠. 전통적인 안전 자산 금, 새로운 안전 자산을 꿈꾸는 비트코인. 이 둘은 과연 어떤 차이가 있을까요?

금과 디지털 금의
차이점 네 가지

1. 규제 환경

금은 오랜 시간 동안 신뢰받는 투자 수단으로 자리 잡았습니다. 그 거래 과정이 매우 엄격하게 규제되고 있기 때문에 도난이나 위조의 위험이 낮죠. 예컨대 금을 소지한 채 국경을 넘는 것은 특정 규제 기관의 허가 없이는 불가능합니다. 금을 투자 목적으로 구매할 때는 인증된 기관을 통해야 하며, 실물 금을 구분하기가 어렵지 않습니다.

반면 비트코인은 규제가 아닌 암호 화폐 기술과 블록체인 기술을 통해 도난과 위조에 강한 안정성을 제공합니다. 비트코인에 대한 규제 인프라는 아직 많은 국가에서 완전히 갖춰지지 않았으며, 암호 화폐의 높은 익명성은 규제를 복잡하게 만듭니다. 금과 달리 대부분의 국가에서 비트코인을 보유하고 타국으로 넘어가는 데는 허가가 없어도 가능하죠. 사실상 찾을 방법이 없기도 하고요.

이렇듯 금과 비트코인은 각기 다른 규제 환경에서 운영됩니다. 전통적 안정성을 제공하는 금과 달리 비트코인은 혁신적인 기술을 바탕으로 한 미래 지향적인 투자 기회를 제공하지만 여전히 규제의 불확실성이 남아 있습니다.

2. 활용성

금은 그 아름다움과 다양한 용도로 인정받은 귀금속입니다. 화폐, 고급품, 치과용 재료, 전자 제품에 이르기까지 금의 광범위한 활용은 불안정한 경제에도 그 가치를 유지하는 데 기여했습니다.

한편 비트코인의 활용 범위는 상대적으로 제한적입니다. 주로 디지털 화폐이자 투자 수단으로 활용되고 있지만, 금 같은 현실에서의 사용 사례를 만들지는 못했죠. 비트코인의 진정한 잠재력은 탈중앙화 금융(디파이) 분야에서 드러날 수 있습니다. 이 혁신적인 금융 기술은 비트코인을 대출이나 차입 같은 금융 거래에 적용할 수 있도록 개발되기도 했죠.

이런 상황을 고려할 때 비트코인의 가치와 역할은 금융 기술의 진화에 따라 지속적으로 변화할 것으로 예상됩니다. 비트코인은 단순 투자 자산을 넘어 온라인 금융 거래의 중심 매개체로 자리 잡을 수 있습니다. 따라서 앞으로 기술이 어떻게 발전하고 비트코인의 활용성이 어떻게 변화할지 지속적으로 관찰하는 것이 중요합니다.

3. 유동성

투자 자산으로 고려할 때 중요한 요소 중 하나가 바로 유동성입니다. 시가 총액 상위 암호 화폐들은 높은 거래량과 큰 자본 유입으로 인해 일반적으로 유동성이 매우 높습니다. 그중 가장 인기가 많은 비트코인은 말할 것도 없죠. 굉장히 많은 금액으로 간다면 달라질 수 있겠지만, 일반적인 경우 비트코인 투자자들은 보유 비트코인을 손쉽게 현금화할 수 있습니다. 거래소의 입출금 처리도 순식간에 처리됩니다.

반면에 실물 금을 보유한 경우 이를 단기적으로 유동화하기가 쉽지 않습니다. 그 과정에서 가치 손실이 발생하기도 하는데, 대부분의 거래 플랫폼에서는 자산 처리 과정에 높은 수수료를 부여하고 있기도 합니다.

4. 변동성

'디지털 금'을 목표로 하지만, 비트코인은 아직까지 변동성이 높습니다. 투자 관련 이슈, 규제 정책의 변화, 시장의 열풍 같은 외부적 요인에 따라 큰 변동을 보이죠. 특히 아직 규제가 확립되지 않은 만큼 긍정적이거나 부정적인 정책 이슈가 시장의 급등락을 부르기도 합니다. 반면에 금은 가장 안정적인 자산군입니다. 투자 자산임에 동시에 반도체 등 다양한 산업의 기반 원료가 되기도 하죠.

이런 변동성은 아직 비트코인이 투자 자산으로 시장에서 인식되고 있기에 발생하는 특징입니다. 변동성이 높다는 것이 마냥 나쁘지는 않습니다. 부정적인 시장 상황에서는 가격이 급락할 수 있지만, 긍정적인 전망이 강할 경우 더 높은 상승을 기대할 수도 있죠. 그리고 이런 기대감은 더 많은 자금이 비트코인 생태계로 유입되게 하기도 합니다.

특징	비트코인	금
자산의 역사	17년	5,000년 이상
희소성이 있나?	2,100만 개로 제한됨	예측 가능하지만 제한됨
나눌 수 있나?	가능함	어려움
보관이 용이한가?	하드웨어 월렛으로 보관	현물 보관
화폐 혹은 결제 수단으로서의 사용성	높음	낮음
미국 현물 ETF	있음	있음

출처: 블룸버그

비트코인과 금의 특성 차이

비트코인이 금을 완전히 대체할 가능성에 대해서는 여전히 논란이 많습니다. 어떤 투자자는 비트코인의 혁신적인 잠재력을 높이 평가할 수 있지만, 전통적으로 안정적인 투자를 선호하는 이들은 금을 계속해서 선호할 수도 있습니다. 현시점 비트코인과 금은 그 상이한 특징으로 포트폴리오 내에서 다른 역할을 할 수 있습니다. 그러므로 투자자의 리스크 관리와 선호에 따라 이를 조율하는 것이 좋습니다.

30

결국 가장 큰
이익을 본 사람들

비트코인은 2008년 탄생 후 지금까지 오류 없이 운영을 이어 온 세계에서 가장 안정적인 네트워크입니다. 처음 비트코인이 세상에 탄생했을 때 우리는 기술에 대한 안정성에 의문을 품었죠. '블록 크기나 생성 시간, 비트코인의 시스템이 과연 안정적인 운영을 이어 갈 수 있을까?'와 같은 질문입니다.

지금의 비트코인은 수십만 개의 블록을 안정적으로 만들어 오며 이 네트워크를 얼마나 신뢰할 수 있는지 입증했습니다. 신뢰성은 비트코인을 더욱 강력하게 지지해 주는 기반이 되었고, 그 가치 상승은 많은 이가 네트워크에 참여하도록 유도하고 있죠. 시간과 함께 비트코인의 가치, 네트워크의 힘이 강해지고 그 위험이 줄어들고 있습니다. 비트코인 현물 ETF의 출시는 그 법적인 지위까지 더욱 공고해지게 만들었죠.

수많은 암호 화폐가 비트코인을 대체하겠다며 탄생했습니다. 하지만 그들은 모두 비트코인이 쌓아 올린 업적 뒤로 사라졌습니다. 비트코인이 사라질 것이라 생각하는 이들은 매일같이 줄어들고, 그 가치에 공감하는 이들은 매일같이 늘어나고 있습니다. 지난 시간 비트코인은 신뢰의 기반을 쌓아 올렸습니다. 다가오는 미래 비트코인은 그 신뢰를 기반으로 날아오르는 날을 기다리고 있죠. 우리는 비트코인이 단순한 투자 자산을 넘어 그 잠재력을 펼치는 순간에 서 있습니다.

전통적인 자산 관리의 패러다임이 변화하는 현시점에서, 비트코인의 채택은 국가 재무 전략에 새로운 차원을 부여합니다. 엘살바도르 같은 국가는 비트코인을 구매해 1,000억 원이 넘는 수익을 올렸죠. 이는 엘살바도르의 3년 GDP 합산을 뛰어넘는 수치입니다. 비트코인을 채택해 생성되는 가치는 우리가 현재 상상하는 것을 훨씬 초월하죠. 두바이 등 기술 혁신에 적극적으로 투자하는 국가들도 비트코인 및 블록체인 산업을 육성하려는 움직임을 보이고 있습니다. 단순한 경제적 가치 창출을 넘어 우리가 경제를 바라보는 방식이 변화하는 순간인 겁니다.

세계 거래 시장에서 비트코인이 새로운 통화 기준이 되는 것은 경제적 혁신 그 자체입니다. 미국 달러가 지배하는 세계 역외 외환 시장 규모는 6조 6,000억 달러에 달합니다. 달러는 전체 시장 89%를 차지하죠. 이 시장에 비트코인이 도입된다면 이는 근본적인 패러다임 전환을 의미합니다.

여러분이라면 10년 새 발행량이 2배가 된 화폐와 10년이 지나도 100년이 지나도 그 총량이 정해진 화폐 중 무엇이 더 가치를 저장하는 데 적합하다고 생각하실까요? 오늘날 우리가 살아가고 있는 세계는 예상치 못한 인플레이션의 파도에 휩싸여 있습니다. 이는 국가 및 기관들이 자산 전략을 심사숙고할 필요성을 강하게 일깨웁니다.

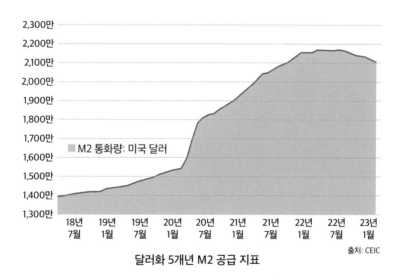

달러화 5개년 M2 공급 지표

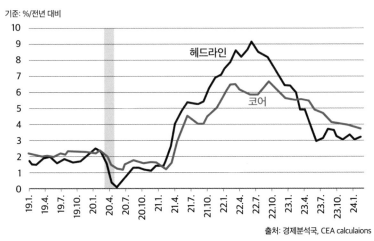

기준: %/전년 대비

출처: 경제분석국, CEA calculaions

미국 인플레이션 지표,

2023년 12월, 러시아와 중국은 양국 무역에서 미국 달러 사용을 중단하고 양국 간 무역에서 자국 통화인 위안화와 루블을 사용하 겠다고 했습니다. 이를 보도한 〈와처 그루〉에 따르면 러시아 총리 미하일 미슈스틴은 러시아와 중국 간의 비즈니스 관계가 번창하고 있으며, 양국의 교역액이 계획보다 빠르게 2,000억 달러에 도달했 다고 밝혔습니다. 러시아는 서방의 제재 이후 탈달러화를 전면적 으로 단행하고 있죠.

최근 러시아에 대한 경제 제재와 각국의 재무 전략에 대한 재평 가는 변동성이 높은 환경에서 안정적 예비 자산의 중요성을 한층 부각합니다. 이런 동향은 전 세계적으로 예비 자산으로 적합한 자 산의 재평가를 촉진시키며, 이 과정에서 비트코인이 맡을 수 있는 역할에 대한 깊은 고민을 하게 하죠. 이는 비트코인이 단지 투자 수단을 넘어서 세계 금융 체계에서 중요한 역할을 할 수 있는지에 대한 통찰을 제공하는 순간입니다.

세계 경제의 도전적인 상황에서 우리는 기존의 금융 시스템에 대한 이해를 재편하고 있습니다. 각국에서는 전통적인 은행 시스템에 대한 신뢰가 무너지고 있습니다. 이에 많은 사람이 경제적 안정성을 찾아 비트코인을 포함한 암호 화폐로 눈을 돌리고 있습니다. 이는 비트코인이 '더 이상 사라질 수 있다'고 말할 수 없는 존재가 될 수 있도록 하는 기반입니다.

신뢰할 수 없다면
비트코인 투자 절대 하지 마라

암호 화폐 시장의 변동성을 되돌아보면 고점과 저점을 경험하며 비트코인을 호들(HODL, 장기 투자) 하기 쉽지 않음을 느낄 수 있습니다. 나의 포지션을 유지하기 위해서는 강한 믿음을 갖고 있어야 하죠.

다른 자산들과 달리 비트코인은 암호 화폐 시장 정상의 자리에서 홀로 독보적입니다. 전략은 간단합니다. 꾸준히 비트코인을 구매하고, 보유하고, 시장의 이야기에 귀를 기울이지 않는 것이죠.

2017년 비트코인이 1만 7,000달러에서 3,000달러로 하락했을 때, 결국 가장 큰 이익을 본 이들은 지금까지 비트코인을 보유하고 있는 사람들입니다.

2021년 비트코인이 6만 7,000달러에서 1만 6,000달러로 하락했을 때, 결국 가장 큰 이익을 본 이들은 지금까지 비트코인을 보유하고 있는 사람들입니다.

결국 이 시장에서 살아남은 이들은 비트코인을 믿고 버틴 이들이죠. 이런 믿음은 비트코인에 대한 깊은 이해에서 비롯되며, 이는 겉핥기식 지식과 작은 믿음으로 흔들리는 이들과 대비됩니다. 비트코인에 대해 한 시간 공부한 사람들은 시장의 변동성에 불안해하며 하락장에서 팔아 버리겠지만, 이 가치를 이해하고 공감한 이들은 흔들리지 않죠.

많은 이가 스스로 한 공부와 분석이 아닌 남들의 추천에 결정을 내리고는 합니다. 주식 시장에서 여러분은 훌륭한 주식을 찾아내기 위해 수많은 주식을 찾고 분석해야 하죠. 하지만 비트코인의 영역에서는 여러분이 공부할 것은 단 하나입니다. 바로 비트코인과 그 논리입니다. 비트코인은 복잡한 투자 세상에서 한 줄기 빛과 같습니다. 여러분은 수많은 기업 실적과 경제 지표를 분석할 필요가 없습니다. 우리에게 비트코인이 필요한지를 고민하고 공감하시면 됩니다. 비트코인을 믿는 이들에게 하락장은 오히려 더 많은 비트코인을 구매할 수 있는 추매 기회가 됩니다.

우리에게 이 시스템이 필요하다고 느끼신다면
비트코인을 사세요.
세상이 비트코인이 필요 없다고 생각하신다면
비트코인을 사지 마세요.

시장의 변동성을 버티고 결국 승리하는 것은 비트코인이 만들어
갈 미래를 이해하는 이들입니다.

PART 4

비트코인이
바꾸는
화폐 패러다임

• 비트코인의 미래 •

—

나는 내 은행보다 비트코인을 더 신뢰한다.

애덤 드레이퍼(기업인, 벤처 투자가)

31

인플레이션을 이기는
단 하나의 사운드 머니

인플레이션은 거스를 수 없는 경제 현상입니다. 대부분의 개인과 기업이 그 영향에서 자유롭지 못합니다. 우리는 인플레이션을 극복하기 위해 다양한 전략을 모색해야 하며, 오직 소수만이 특별한 지식과 운을 바탕으로 시장을 이겨 낼 수 있습니다. 경제적 불확실성 속에서 우리는 왜 비트코인 같은 대체 자산에 관심을 둬야 할까요?

최근 몇 년간 글로벌 경제는 급격한 이자율 변동과 코로나19 바이러스 대유행의 충격으로 엄청난 도전 상황을 맞이했습니다. 경제는 얼어 버렸고, 중앙은행들은 경제를 지탱하기 위해 금리를 사상 최저 수준으로 인하했습니다. 이후 금리가 급증하면서 사람들은 예상치 못한 속도로 변화하는 경제 상황을 목격했습니다. 그리고 이런 경제 상황의 급변은 우리가 기존 신뢰하던 경제 시스템이 생각만큼 단단한 존재가 아님을 깨닫게 해 주었죠.

실리콘 밸리 은행, 실버게이트 은행, 시그니처 은행, 퍼스트 리퍼블릭 은행 같은 금융 기관들의 파산은 금리 정책의 재조정과 은행 시스템 개혁의 필요성을 강하게 시사합니다. 미국 정부가 의도적으로 만들어 낸 금리 상황은 장기화될 수 없는 상태이며, 이는 전 세계 금융 시스템에 큰 영향을 끼칠 가능성이 있죠.

서방의 금융 기관들은 현재 금리 상승과 국채 및 중장기 부채의 가치 하락으로 전략 조정의 필요성에 직면해 있습니다. 금리 정책의 변화는 개발 도상국에게 에너지 자원 고갈과 통화 가치 불안정을 초래하는 등 부정적인 영향을 줬습니다. 이는 경제적으로 취약한 국가들에게 특히 더 큰 타격을 주었습니다.

경제 지표의 변화는 우리가 시장을 이해하고 예측하는 방식에 중대한 영향을 미칩니다. 정부는 인플레이션을 속이기 위해 소비자 물가 지수에 대한 새로운 접근 방식을 제시하고 있습니다. 전통적인 CPI 계산에서 비용이 높은 품목들을 제외하고, 보다 저렴한 상품과 서비스를 포함시킴으로써 인플레이션 측정을 그들의 입맛에 맞추고자 하죠. 이는 인플레이션을 보다 낮게 표시하여 사람들이 경제 상황을 다르게 해석하도록 만듭니다.

인플레이션이 심하다고 하지만 미국을 포함한 많은 국가가 경험하고 있는 인플레이션은 상대적으로 낮은 수준입니다. 예를 들어 아르헨티나는 2023년 12월에 연간 인플레이션율이 211.4%에 달하여 34년 만에 최고 수준을 기록했습니다. 이는 미국이나 다른 국가들이 직면한 경제적 상황과 비교했을 때 매우 극단적입니다.

아르헨티나의 경제는 한때 끝을 모르는 인플레이션의 소용돌이에 휩싸여 있었습니다. 한순간이나마 이 경제적 난제를 해결한 것은 바로 달러와 카를로스 메넴 대통령의 결정적인 조치였습니다. 1991년 메넴 대통령은 경제를 안정시키기 위해 화폐 개혁을 단행

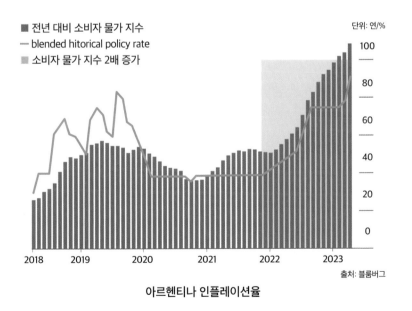

아르헨티나 인플레이션율

출처: 블룸버그

하고 페소-달러 페그제를 도입했습니다.

이 제도는 1페소를 1달러와 교환 가능하게 하고 그 환전을 중앙은행이 보증하는 것이 핵심입니다. 화폐 가치가 끊임없이 하락하던 시절, 아르헨티나 국민은 이 변화를 크게 환영했고 그 결과는 실로 놀라웠습니다. 인플레이션은 1990년의 1343.9%에서 1991년에는 7.7%로 급격히 감소했고, 이는 1994년, 놀랍게도 0.5%까지 내려갔습니다.

하지만 이 기적 같은 변화는 지속되지 않았습니다. 페그제를 도입하고 연임에 성공한 메넴 대통령에도 정치적 변화는 불가피했습니다. 인플레이션이 해결된 것으로 여겨지자 아르헨티나 국민은 정치적 개혁을 요구하기 시작했습니다.

국가 금융 시스템이
비트코인보다 안전하다는 착각

선거 운동이 한창일 때 야당 후보는 국민들에게 큰 약속을 했습니다. 그는 "만약 정권이 바뀌어도 걱정하지 마세요. 내가 있으면 1페소는 계속해서 1달러의 가치를 유지할 것입니다"라고 단언했죠. 발언은 당시 많은 사람이 페그제의 붕괴를 우려하는 상황에서 큰 주목을 받았습니다. 그러나 이 약속은 그가 집권한 지 불과 2년 만에 무너졌습니다. 외환 위기가 발발하며 아르헨티나는 또다시 경제적 혼란에 빠졌고, 결국 2002년 1월 페그제를 포기해야만 했습니다.

이 결정은 아르헨티나에 다시 극심한 인플레이션을 불러왔으며, 2023년 말 기준으로 연간 인플레이션율이 211.4%에 이르러 1989년부터 1990년에 이르는 초인플레이션 이후 가장 심각한 수준을 기록했습니다. 이는 화폐 구조와 정부 정책이 국가의 미래에 결정적인 영향을 미친다는 것을 보여 주는 사례입니다. 우리가 느끼지 못하지만, 실제 굉장히 많은 국가에서 벌어지는 현상이기도 하죠.

그리고 여기에 비트코인이 등장합니다. 이 디지털 화폐는 공급량이 한정돼 있고 생산 난이도가 높아서 견고합니다. 정부 정책의 영향에서도 자유롭죠. 그래서 외부 경제적 요인의 위협에 대응할 수 있습니다. 비트코인은 점점 현대 경제의 변화무쌍한 환경에서 두각을 나타내고 있으며, 전통적인 금융 시스템의 제약을 넘어선 대체 자산으로 그 중요성이 부각되고 있습니다.

비트코인의 특성 중 하나인 공급량 한계에 도달하면 새로운 비트코인의 생성이 중단되어 새롭게 채굴되는 비트코인이 사실상 0에 이르게 됩니다. 이는 수요 증가에 기반을 둔 경제적 가치 상승함을 암시하며, 장기적인 관점에서 투자자에게 경제적 자유와 희망을 제시합니다.

여러분이 만약 아르헨티나에 살고 계시다면, 이 비트코인이라는 존재가 불안한 자산으로 여겨질까요? 비트코인 투자는 단순한 자산 보유를 넘어서 경제적 불확실성에 대한 하나의 대비책으로 여겨질 수 있습니다. 전통적 금융 시스템이 나타낸 여러 한계점을 극복하고자 하는 투자자들에게 비트코인이 제시하는 구조는 높은 생산 난이도와 제한된 공급으로부터 비롯된 '사운드 머니'로서의 가치를 제시합니다.

경제적 불확실성 속에서도 비트코인은 그 가치를 유지하며 장기적 투자의 중요한 대안으로 자리매김하고 있습니다. 따라서 여러분의 자본이 외부의 경제적 요인으로 인해 위협받을 때 비트코인 같은 대체 자산에 주목하는 것은 매우 현명한 선택이 될 수 있습니다. 우리가 인플레이션의 헤징 수단으로 비트코인을 이야기하는 이유입니다.

32

은행보다 비트코인을
믿는 세상이 온다

많은 이가 비트코인을 '제2의 튤립 파동', '거품', '도박'이자 '장난 감'으로 치부하고, 그 생산 과정이 환경에 미치는 악영향을 지적합 니다. 빌 게이츠, 찰리 멍거, 워런 버핏 같은 세계적인 인사들은 비 트코인의 투기적 본성과 환경에 대한 영향을 부각하며 비트코인이 사회적 안녕에 위협이 된다고 이야기하죠.

하지만 비평가들이 간과하는 것이 있습니다. 그것은 비트코인이 불안정한 화폐와 권위주의적 정부의 억압을 겪는 사람들에게 제공 하는 새로운 가치입니다. 실제 전 세계 인구의 87%는 안정적인 자국 화폐를 보유하지 못하고 있으며, 이들에게 비트코인은 단순한 디지털 자산을 넘어서 재정적 독립과 희망의 상징이 되고 있습니다.

남미의 브라질, 아르헨티나, 페루, 볼리비아, 칠레, 콜롬비아, 베네수엘라 등 국가 사람들의 이야기를 들어 보세요. 이들에게 비트코인은 단순한 투자의 수단이 아니라 생명줄이 될 수 있습니다. 러시아와 우크라이나의 전쟁도 우리에게 비트코인의 가치를 보여 줬습니다. 우크라이나는 전쟁으로 금융 시스템이 붕괴된 상황에서 금융 시스템 없이도 비트코인으로 세계의 지원을 받을 수 있었죠. 비트코인, 이더리움, 테더 등 암호 화폐로 수령한 지원금은 우크라이나가 전쟁 피해를 회복하는 데 큰 도움이 될 수 있었습니다.

이런 사례는 비트코인이 단순히 투자의 차원을 넘어서는 다층적 역할을 수행하고 있음을 보여 줍니다. 가치의 교환 수단, 재정적 권한을 부여하는 도구, 그리고 전통적인 은행 시스템에서 소외된 많은 사람에게 탄력성을 제공하는 아이콘이죠. 이런 가치는 비트코인이 직면한 도전 속에서도 재정적 포용성을 촉진하고 경제적으로 소외된 이들에게 희망의 불빛이 될 수 있음을 알려 줍니다.

초인플레이션 국가의 시민들은 급등하는 생활비와 변함없이 정체된 임금 사이에서 고군분투하고 있습니다. 이런 상황에 자산을 가질 수 있는 이들은 부동산과 달러, 해외 주식 등을 활용해 부를 축적합니다. 이는 소수가 통화 인플레이션의 혜택을 누리는 동안 다수가 그 비용을 지불한다는 것을 의미하죠.

이런 상황과는 대조적으로, 워런 버핏과 찰리 멍거 등은 비트코인이 기존 금융 체계에 던지는 도전과 합법성 우려를 지적하며 비트코인을 멀리하고 있습니다. 여러분은 과연 비트코인이 이처럼 가치 없는 자산이라고 생각하시나요?

세계 금융 시스템에서 비트코인의 잠재력은 무시되거나 과소평가되어서는 안 되는 중요한 가치입니다. 달러와 원화같이 안정적인 법정 화폐에 익숙한 이들은 금융적 특권을 느끼지 못하고 살아가죠. 비트코인은 이런 세상에서 세계인들의 금융 자유를 이끌어낼 수 있는 새로운 자산으로 등장했습니다.

긍정의 화폐, 해방의 화폐 비트코인

우리는 항상 시스템을 믿도록 교육받습니다. 국가, 은행, 시스템은 항상 우리가 이 구조 속에서 자산을 관리해야 한다 생각하도록 만들죠. 하지만 이는 우리를 구속되게 만드는 과정입니다. 한번 여러분이 돈을 이 시스템에 맡기면, 이들의 허락 없이는 우리의 자산을 마음대로 관리할 수 없죠. 사유 재산이 존중되지 않는 곳에서 이는 더욱 어려운 과정입니다. 스스로 번 돈을 남의 컨트롤하에 두는 것이죠.

경제적 독립과 주권은 현대 사회에 들어 보장받게 된 특권입니다. 그리고 사실 그 특권조차 온전하지 못하죠. 과거, 현재, 미래를 이어 주는 화폐의 역사는 우리가 이들로부터 자유를 얻는 것이 중요함을 보여 줍니다. 이는 국가와 개인의 관계를 넘어, 국가와 국가 사이에도 영향을 주죠.

세파프랑(franc CFA)은 아프리카 대륙 내 과거 프랑스령이었던 불어권 국가에서 2020년까지 통용된 단일 통화입니다. 프랑존의 창설은 경제 통합의 이상으로 프랑스의 지배력을 아프리카 대륙에 지속하려는 목적으로 시작되었습니다. 샤를 드골의 전략은 아프리카 국가들이 자치권을 획득하기 시작한 시점, 즉 탈식민화의 초입에서 펼쳐졌습니다. 프랑존은 아프리카 국가들의 독립이 아닌 프랑스의 경제적 이익을 위해 만들어진 계획이었죠.

경제 통합이 목적인 단일 통화 시스템은 흔히 선진국에서 볼 수 있는 전략입니다. 예컨대 유로존은 수년간의 준비 끝에 2002년에야 단일 통화를 시행했습니다. 이에 비해 프랑존 국가들은 훨씬 이른 시기에 세파프랑 제도를 도입했는데 후진적인 경제 구조를 가진 국가에서 외부 국가 기반의 통화 제도를 도입했다고 할 수 있습니다. 그러나 통화 정책이 국가 경제 발전의 핵심이라는 모순적인 상황에서 아프리카 국가들의 진정한 경제 발전이 가능했을지 의문이 듭니다.

과거 프랑스가 자국의 경제적 번영을 위해 프랑의 가치를 조정했던 것처럼, 미국이 달러화의 권력을 국가 부담을 전이하는 데 사용하듯, 금융과 화폐 정책은 그 자체로 하나의 전략이 될 수 있습니다. 세파프랑 역시 이런 관계에 활용되는 정책이죠. 세파프랑을 사용하는 아프리카 국가들은 주로 커피, 면, 바나나 같은 농산물을 수출하는데, 이런 상품들은 가격 변동에 따른 수요 증가를 기대하기 어렵습니다. 따라서 화폐 평가 절하가 오히려 수입품 가격 상승과 경상 수지 적자, 그리고 국가 부채 증가로 이어지는 아이러니한 결과를 초래합니다.

자국 화폐는 단순한 경제 수단을 넘어 주권의 상징입니다. 마치 국기가 나라를 대표하듯, 통화도 그 나라의 독립과 자율성을 상징합니다. 그러나 해외 화폐를 사용하는 국가들은 완전한 통화 정책의 자율성을 가지지 못하는 현실에 직면해 있습니다. 이는 경제적 독립에 대한 그들의 꿈이 이뤄지지 않았음을 의미하죠. 이처럼 오랜 기간 동안 아프리카 국가들은 착취적인 경제 체제에 시달리며 인도주의적 위기를 겪었습니다. 이런 체제는 신식민주의적 영향을 받으며 유엔 개발 지수에서도 이들 국가를 하위권으로 밀어 넣었습니다.

화폐 불안정성을 겪는 국가에서 일상적인 온라인 쇼핑, 아마존을 통한 구매, 가족이나 친구에게의 송금은 어떻게 이뤄질까요? 이 상황을 이해하면서 우리는 그들의 삶에 더 깊게 공감할 수 있습니다. 그리고 비트코인은 많은 이들에게 희망의 빛이 되어 주고 있습니다.

특히 팔레스타인의 사례를 살펴봄으로써 비트코인이 어떻게 희망이 될 수 있는지 깊이 이해할 수 있습니다. 팔레스타인인들은 팔레스타인 자치 정부와 이스라엘의 군사적 통제 아래에서 살아가고 있습니다.

팔레스타인 지역에서는 비트코인이 다른 차원의 의미를 지닙니다. 팔레스타인 자치 정부의 부패가 깊어지면서 주민들은 무거운 억압을 느낍니다. 그들이 전쟁을 치루는 국가의 화폐인 이스라엘 셰켈을 주요 화폐로 사용하면서 상황은 더욱 악화되었죠. 이 지역 주민들은 온라인 거래나 송금 시 테러와의 연관성을 조사받으며 거래가 지연되는 등 화폐 사용에 제약을 받고 높은 인플레이션으로 경제적 어려움을 겪습니다.

이들에게는 단순한 경제적 이득을 넘어 민주적 거버넌스와 자유를 위해 새로운 금융 시스템이 필요합니다. 이들에게 비트코인은 그저 투자 수단이 아닌, 부패와 싸우고 민주적 개혁을 요구하는 희망의 목소리가 되는 것이죠. 비트코인에서 복잡한 금융 시스템 속 권력의 감시를 넘어서는 경제적 권리의 가능성을 발견한 것입니다. 이제 그들은 자신이 자신을 위한 은행이 될 수 있다는 희망을 품을 수 있습니다.

이제 우리는 비트코인이 투자의 수단을 넘어서 글로벌 인도주의적 문제에 어떻게 해법을 제공할 수 있는지를 고민할 시점에 도달했습니다. 전통적인 금융 시스템의 경계 밖에 위치한 이들에게 비트코인은 새로운 희망의 등대가 되었습니다. 이는 비트코인이 단순한 경제적 가치를 넘어서 인간의 존엄과 자유를 증진시키는 데 기여할 수 있는 가능성을 드러냅니다. 그래서 우리는 비트코인이 이런 이슈에 어떻게 긍정적인 변화를 일으킬 수 있는지를 이해하고 고민해야 하죠.

비트코인은 경제적 자유와 정치적 자유를 추구하는 사람들에게 '해방의 화폐'로 불립니다. 이는 어떤 국가나 정부의 손을 거치지 않고, 개인의 온전한 자유를 얻을 수 있게 해 주는 혁신적인 기술이죠. 비트코인은 단순한 화폐 이상의 것, 즉 금융 시스템으로부터 인간이 얻을 수 있는 자유의 상징입니다.

33

투자 시장의 패턴을 분석하면
비트코인 투자도 보인다

───────────────── ₿ ─────────────────

하이먼 민스키 모델이란 미국의 경제학자 하이먼 민스키가 금융 불안정성 가설을 기반으로 제시한 이론입니다. 부채 사이클에 인한 경기 호황이 끝나고 채무자의 부채 상환 능력 악화로 건전한 자산까지 매도되기 시작하며 자산 가치가 폭락하고 금융 위기가 시작되는 시점을 의미하죠.

금융 시장이 호황기에 있으면 투자자들은 고위험 상품에 투자하며 이에 금융 시장은 탄력을 받아 규모가 확대되고 자산 가치도 증가합니다. 그러나 자산 가치에 거품이 껴 있다는 인식이 퍼지고 투자자들이 원하는 만큼의 수익을 얻지 못하게 되면 부채 상환에 대한 불안이 커집니다. 이런 심리가 심화되면 자산 가치가 폭락하고 금융 위기가 발생합니다. 이런 일련의 과정을 거쳐 자산 가격이 성장과 안정을 지속한 뒤 갑작스럽고 파괴적인 붕괴를 경험하는 순간을 민스키 모멘트라고 합니다.

민스키의 연구는 경제의 성장기가 장기적으로 오히려 더 큰 불안정을 초래할 수 있다는 역설적 상황을 설명합니다. 그의 가정에 따르면, 모든 조건이 동일할 경우 더 많은 투자는 더 높은 수익을 생성합니다. 이는 대부분의 투자자와 대중에게 긍정적인 신호로 여겨지지만, 금융 시스템을 더욱 불안정하게 만들 수 있습니다. 수

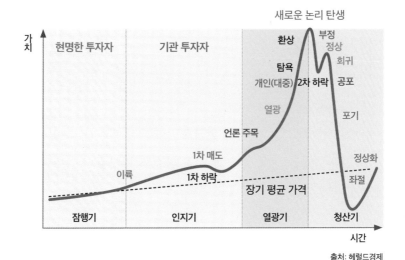

출처: 헤럴드경제

하이먼 민스키 모델(전형적인 거품의 구조)

익이 지속적으로 기대를 초과할 때 부채 상환이 더 쉬워지고 기업들은 점점 더 많은 금액을 빌리게 됩니다. 호황기에는 투자 수익이 이자 비용을 웃돌기 때문이죠.

낙관주의가 높고 투자 자금 확보가 어렵지 않을 때 투자자들은 민스키 스펙트럼의 안전한 헤지 단계에서 투기 혹은 폰지 단계로 이동하게 됩니다. 보수적인 투자에서 더욱 위험을 감수하는 투자 방식으로 전환하면서 잠재적인 위험을 더 크게 만드는 것이죠. 민스키는 이런 프로세스에 세 가지 단계가 있다고 했는데요. '헤지', '투기' 그리고 '폰지'의 3단계입니다. 각 단계의 특징은 다음과 같습니다.

민스키 모멘트 3단계

1단계. 헤지

차입자가 자신의 수익이나 현금으로 부채를 상환할 수 있는 단계입니다. 이들은 대출 원금과 이자를 모두 충당할 수 있는 현금 흐름이 충분합니다.

2단계. 투기

차입자는 대출 이자를 낼 수 있지만 원금은 계속해서 롤 오버해야 합니다. 이 시점에서 그들은 새로운 자금을 차입하거나 재융자할 수 있기를 바라며 의존할 수밖에 없습니다.

3단계. 폰지

차입자는 대출의 원금 또는 이자 지급을 충당할 현금 흐름이 충분하지 않습니다. 이에 부채 상환을 위해 자신의 부채를 증가시키거나 담보 자산을 저가에 매각해야 하죠. 그들은 자산의 가치 상승이나 대출자들의 추가 자금 지원 의사에만 의존할 수 있습니다.

각 단계는 금융 시스템 내에서의 부채 구조의 변화와 이에 따른 잠재적 위험을 파악할 수 있습니다. 2008년 금융 위기, 대공황은 분석가들과 규제 기관들 사이에서 '민스키 모멘트'라는 개념을 널리 알리게 된 계기가 되었습니다. 이 기간 투자 시장은 사상 최저치를 기록했고, 대규모의 마진 콜과 자산 매각, 높은 채무 불이행률로 이어졌죠.

비판자들은 민스키의 이론이 금융 시장에 너무 집중되어 있고 실제 경제 요인의 역할을 간과한다고 지적합니다. 그의 모델에 따르면 금융 위기는 사이클 속 필연적 존재이지만, 현실에서 그렇지만은 않다는 것을 우리도 알고 있죠.

그럼에도 민스키의 이론은 호황기 중 투자자들이 더 많은 위험을 감수하고 차입금을 사용하는 행동이 지속 가능하지 않다는 점을 우리에게 알려 줍니다. 금융 시스템이 너무 한 방향으로 치우치도록 놔둬서는 안 되며, 적절한 투자 전략 및 관리 감독이 필요하다는 인식이죠.

34

패러다임 전환과
화폐의 세대교체

₿

수많은 이가 느끼듯, 우리 사회에는 심각하게 잘못된 시스템이 존재합니다. 바로 법정 화폐죠. 그럼에도 대다수는 이 근본적 문제에 깊이 파고들기보다 정치적 해결책을 모색하는 데 급급합니다. 이런 경향의 근본적인 원인은 우리의 경제 체제에 깊이 뿌리박힌 기능적 장애에 있습니다. 왜 이런 인식이 널리 퍼지지 않는 걸까요? 우리는 이 중요한 문제를 어떻게 더 효과적으로 사람들에게 전달할 수 있을까요?

역사를 거슬러 보면 훌륭한 기술이 항상 승리하지는 않았습니다. 과거 로마 숫자는 덧셈, 뺄셈, 곱셈, 나눗셈에서의 복잡성에도 수천 년 동안 광범위하게 사용되었습니다. 아라비아 숫자로의 전환은 효율성에도 즉각적이지 않았는데, 이는 회계, 법률, 교육 등 사회 여러 분야에서 기존 방식이 깊게 뿌리박혀 있었기 때문입니다. 새로운 시스템을 받아들이는 것은 사회를 구성하는 모두에게 근본적인 변화를 요구하며 때로는 세대교체까지 필요로 합니다.

이런 관점에서 비트코인은 경제와 화폐의 영역에서 가장 승리에 가까운 혁신적인 프로토콜입니다. 단지 새로운 투자 수단을 넘어 기존의 재산 체계에 도전하며 우리에게 새로운 경제적 자유의 가능성을 제시하는 메커니즘으로 자리매김하고 있죠.

우리가 알고 있는 경제의 모든 이론은 결함이 있는 화폐 체제 아래에서 형성되어 온 것입니다. 경제학부터 화폐학, 정치학에 이르기까지, 이들의 이론은 모두 불완전한 화폐 개념을 전제로 만들어졌죠. 역사는 금을 이상적인 화폐로 여겼지만, 결국 이 시스템은 무너지고 지금의 종이 화폐 구조로 변환되었습니다.

우리는 왜 새로운 화폐 개념을 수용하는 데 시간이 걸릴까요? 완벽한 화폐 시대를 경험한 경제학자가 없듯이 변화는 점진적입니다. 우리는 비트코인을 포함한 새로운 경제 현상에 대한 우리의 접근 방식에 대해 다시 생각해 볼 필요가 있습니다. 비트코인의 등장은 미래 경제의 진정한 변화를 이끌 열쇠일지도 모릅니다. 영어를 유창하게 구사하는 이가 영어 중심의 세계에서 성공할 가능성이 높은 것처럼 혁신적인 경제 모델을 이해하고 받아들이는 사람들은 경제의 굴레에서 유리한 위치를 점할 수 있습니다. 과학적 발견은 종종 세상의 고정 관념에 부딪혀 쉽게 받아들여지지 않습니다. 혁신적인 아이디어를 수용하려면 새로운 세대의 사고방식이 필수적이죠.

비트코인을 비롯한 새로운 디지털 화폐에 대한 두려움은 이런 저항의 한 사례입니다. 이들이 제공할 수 있는 수많은 이점에도 많은 이가 분명한 이점을 인정하고 받아들이지 못하고 있습니다. 이는 단지 고집이라기보다는 깊이 자리 잡은 신념을 전환하는 과정의 복잡함을 의미합니다. 나이가 들어 새로운 언어를 배우려는 노력이 젊은 시절보다 어렵게 느껴지듯 우리의 생각이 이미 고정되어 있기 때문입니다.

물물 교환에서
종이 화폐, 전자 화폐, 탈중앙화까지

현대 화폐는 다양한 형태로 존재합니다. 화폐는 수천 년 동안 경제 체계의 중추 역할을 해 왔으며 기본적인 물물 교환 시스템에서 오늘날 디지털 화폐에 이르기까지 발전해 왔죠. 이런 변화는 기술과 경제의 변화뿐만 아니라 인류 사회 속 화폐 필요성의 변화를 반영합니다.

화폐의 역사는 상품이 직접 다른 상품과 교환되던 물물 교환 시스템에서 시작되었습니다. 그러나 물물 교환의 한계, 예를 들어 원하는 물건을 동시에 교환하려는 필요성 등은 더 보편적으로 받아들여지는 매개체, 즉 교환 수단으로 사용되는 물품의 채택으로 이어졌습니다. 곡물, 조개껍데기, 가축 등이 초기 형태의 화폐라 말할 수 있죠.

물물 교환   금   동전   지폐   신용카드   전자 화폐   암호 화폐   탈중앙화 금융

출처: alamy

돈의 진화

사회가 성장하고 무역이 확장됨에 따라 물물 화폐들을 이용하기가 불편해졌고, 이는 동전의 탄생을 열었습니다. 최초로 기록된 동전은 기원전 7세기에 리디아인에 의해 주조되었고, 이는 표준화된 가치를 쉽게 운반하고 보관할 수 있게 함으로써 무역을 혁명적으로 효율화했습니다.

동전에서 종이 화폐로의 전환은 새로운 화폐 개념을 세상에 제시했습니다. 초기의 종이 화폐는 일정량의 귀금속, 특히 금이나 은을 지불하겠다는 약속에 기반을 두었습니다. 시간이 지남에 따라 종이 화폐와 귀금속의 연결이 약해졌고, 오늘날 우리가 이용하고 있는 법정 화폐 체계로 이어졌습니다. 이 세상의 화폐의 가치는 물리적 기반에 근거하지 않고 발행 정부의 신뢰와 권위에 기반을 둡니다.

21세기 탄생한 디지털 화폐의 등장은 화폐 역사에 새로운 장을 추가했습니다. 디지털 화폐는 '분산된 거래, 저렴한 수수료, 익명성' 등 기존 화폐가 가지지 못하던 여러 이점을 제시합니다. 이들은 물리적 기반에서 가상 기반으로의 전환을 나타내며, 과거 세상 아날로그 세상의 디지털 변환과 일치합니다.

35

시대를 바꿀
비트코인의 가치관 네 가지

---- Ⓑ ----

화폐란 정해져 존재하는 무언가가 아닙니다. 우리가 사용하는 화폐 역시 한때는 신뢰할 수 없는 존재라 여겨졌었죠. 화폐의 역사를 이해하는 것은 비트코인과 기타 디지털 화폐의 혁명적인 본질을 평가하는 데 있어 기초를 제공합니다.

상품끼리의 물물 교환에서 글로벌 네트워크를 통한 디지털 화폐의 거래까지, 화폐는 상업과 세상이 요구하는 바를 충족시키기 위해 진화했습니다. 이 역사적 관점은 비트코인의 독특한 메커니즘과 화폐의 미래에서 그 위치를 전망하기 위한 기반이 됩니다.

비트코인은 화폐 개념의 패러다임 전환을 대표합니다. 가치 저장 수단과 교환 매체로서 새로운 접근을 제공하는 탈중앙화된 디지털 화폐로 등장했죠. 비트코인의 시작과 그 가치에 깔린 원리를 이해하는 것은 미래 금융 속 비트코인의 역할과 잠재력을 이해하는 데 핵심입니다.

1. 탈중앙화

비트코인의 탈중앙화는 전통적인 금융 시스템과 확연하게 대비됩니다. 기존의 시스템에서는 중앙은행이나 정부가 화폐의 가치와 공급을 통제합니다. 하지만 비트코인은 전 세계 수천 개의 노드를 통해 운영되는 분산 네트워크에 의존합니다. 이 네트워크는 어떤 중앙 권력도 개입하지 않아, 정치적 또는 경제적 압력으로부터 자유롭죠.

특히 2013년 키프로스 은행 위기 당시 정부는 은행 계좌 예금에 대해 강제적으로 자금을 동결시키는 조치를 취했습니다. 이는 많은 시민이 자신의 자산을 제어할 수 없게 되는 결과를 초래했습니다. 비트코인을 이용한 사용자들은 이런 규제의 영향을 받지 않을 수 있죠. 비트코인의 분산된 네트워크 덕분에 사용자들은 언제 어디서나 자신의 자산에 접근하고 이를 이용할 수 있었습니다.

이 사례는 비트코인의 탈중앙화가 개인의 재정적 자유를 어떻게 증진시킬 수 있는지를 명확히 보여 줍니다. 중앙 집중적인 권력 구조에 대한 의존 없이, 각 개인이 자신의 재정을 자유롭게 관리할 수 있는 능력은 비트코인의 핵심 가치 중 하나입니다.

2. 희소성

희소성은 비트코인 가치의 핵심적인 부분입니다. 비트코인 네트워크는 프로토콜 차원에서 채굴될 수 있는 비트코인의 총 수량을 2,100만 개로 제한하고 있습니다. 이는 비트코인이 '디지털 금'으로 불리는 이유 중 하나이며, 인플레이션으로부터의 보호 기능을 제공하는 근거가 됩니다.

비트코인의 희소성은 귀금속인 금과 비교되곤 합니다. 금은 오랜 역사 동안 가치 저장 수단으로 인정받아 왔으며, 비트코인 역시 이와 유사한 성질을 지니고 있습니다. 2010년대 초 경제 불안정 시 금의 가치가 급등했던 것처럼 경제적 불확실성이 높아질 때 비트코인 가치도 상승하는 내러티브를 만들어 가고 있죠.

희소성은 그 자체로 중요한 가치 기준을 제공합니다. 시장에서 제한된 수량의 비트코인만이 유통될 수 있기 때문에 수요가 지속적으로 증가한다면 가격은 자연스럽게 상승합니다. 이는 투자자들이 비트코인을 매력적인 장기 투자로 생각할 수 있는 근거를 제공하며 비트코인을 경제적 불확실성에 대비한 투자 수단으로서 더욱 중요하게 만듭니다.

3. 보안성 및 불변성

비트코인의 기반 기술인 블록체인은 강력한 안전성과 불변성을 갖고 있습니다. 한번 비트코인 네트워크에 기록된 거래는 블록체인 기술의 특성상 변경이나 삭제가 불가능하고 이는 전 세계 어디에서나 동일하게 적용됩니다. 이런 특성은 특히 금융 분야에서 중요한 역할을 할 수 있으며, 비트코인을 통한 거래가 기존의 금융 시스템보다 훨씬 안전할 수 있음을 의미합니다.

은행에서도 보안 이슈는 계속해서 발생해 왔습니다. 2016년 방글라데시 은행을 대상으로 한 사이버 테러 사건에서 해커들은 연방 준비은행 시스템을 이용해 방글라데시 중앙은행의 계좌에서 8,100만 달러를 빼냈죠. 하지만 비트코인 네트워크는 탈중앙화되어 있어 단일 실패 지점이 없으며, 수천 대의 노드가 거래 기록의 정확성을 검증하므로 해킹이 발생할 가능성이 사실상 0에 수렴합니다.

2020년에는 비트코인 트랜잭션을 분석해 북한의 자금 세탁 시도를 밝혀내기도 했습니다. 비트코인의 공개적이고 투명한 트랜잭션 기록, 원장 덕분에 이런 불법 거래 패턴을 추적하고 관련 당국이 조치를 취할 수 있었습니다. 이 사례들은 비트코인의 보안성과 불변성이 어떻게 금융 시스템의 신뢰성을 높이는지를 보여 줍니다. 비트코인과 그 기반 기술은 암호화와 분산 처리에 기반을 둔 보안으로 전 세계 수많은 사용자와 기업에게 신뢰할 수 있는 디지털 자산 관리 방법을 제공할 수 있습니다.

4. 화폐로서의 유용성

비트코인의 화폐적 기능 잠재력을 보여 주는 사례는 점차 증가하고 있습니다. 아르헨티나와 베네수엘라같이 극심한 인플레이션을 겪고 있는 국가에서는 비트코인이 실제적인 대안 화폐로 자리 잡았습니다. 아르헨티나에서는 통화 가치 하락과 금융 불안정에 많은 사람이 비트코인을 안전 자산으로 인식하고 저축 수단으로 활용하고 있습니다. 베네수엘라에서는 심각한 통화 평가 절하와 함께 시민들이 기본적인 생활용품을 구입하기 위해 비트코인을 사용하기도 합니다.

비트코인의 중개인 없는 거래 시스템은 특히 국경을 넘는 거래에서 큰 장점을 보여 줍니다. 전통적인 은행 시스템을 사용할 때 발생할 수 있는 높은 수수료와 긴 처리 시간을 피할 수 있으며, 이는 사업자와 개인들에게 큰 혜택을 제공합니다. 한국에서 근무하는 해외 근로자들 역시 가족에게 송금을 할 때 비트코인을 이용함으로써 수수료를 대폭 줄이고, 전송 시간을 단축시킬 수 있습니다.

비트코인은 단순히 투자 수단을 넘어 일상생활에서 실질적인 경제 활동의 도구로서 그 가치를 인정받고 있습니다. 비트코인의 이런 특성은 전 세계적으로 금융 접근성을 향상시키는 데 기여하고 있으며, 경제적으로 소외된 지역 사회에서도 금융 서비스에 쉽게 접근할 수 있는 기회를 제공합니다.

36

글로벌 패권 전쟁과
비트코인의 도약

우리가 볼 수 있는 화폐 중 가장 성공한 사례는 바로 미국 달러입니다. 세계 통화로서의 달러의 지배력은 현대 국제 금융의 핵심이자 미국의 권력 기반이 됩니다. 동시에 달러를 활용함으로써 세계 국가들 역시 다양한 효용을 얻고 있기도 하죠.

1944년의 브레턴우즈 회의는 달러를 국제 통화 체계의 기반으로서 확립하는 전환점이었습니다. 당시 각국은 자체 화폐의 환율을 달러에 고정했고, 달러는 고정된 비율로 금으로 전환될 수 있었습니다. 1970년대에 금 본위제가 폐지되었음에도 미국의 강한 경제 및 정치 안정성에 의해 뒷받침되는 달러의 우위가 계속되었습니다.

달러의 지배력은 거래에 활용될 수 있는 공용 통화를 제공함으로써 글로벌 무역을 용이하게 하고, 환전 및 환율 관련 복잡성과 비용을 줄여 줍니다. 이는 국제 무역을 더욱 효율적으로 만들고, 국경 간 투자를 촉진했죠. 기업과 국가들은 광범위하고 유동적인 시장 때문에 빚을 달러로 발행하기를 선호하기도 합니다.

달러에 대한 광범위한 신뢰는 안전 자산으로서의 역할을 반영합니다. 글로벌 경제가 불안해진다고 판단되면 투자자들은 안정성과 보안을 찾아 달러화 자산으로 몰리죠. 이런 현상은 달러의 가치가 더욱 단단해지고, 미국이 세계 경제 시장에서 유리한 조건으로 활동할 수 있는 기반이 됩니다.

이는 미국의 통화 정책이 세계 시장에 영향력을 갖게도 하죠. 미국 중앙은행인 연방 준비 제도의 결정은 '세계 시장 금리, 투자 시장, 환율'에 광범위한 영향을 미칩니다. 미국 정책 움직임이 세계 경제에 영향을 주죠.

미국 달러는 여전히 세계 주요 예비 통화로서의 지위를 유지하고 있지만, 그 미래의 지배력에는 계속해서 의문이 제기되어 왔습니다. 여기에는 경제적인 부분 외에 지정학적인 측면도 포함되며 글로벌 권력의 변화하는 역학을 반영합니다.

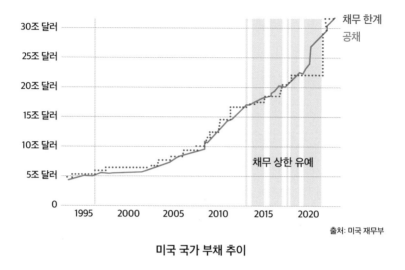

								채무 한계

30조 달러

25조 달러

20조 달러

15조 달러

10조 달러

5조 달러

0

채무 한계
공채

채무 상한 유예

1995 2000 2005 2010 2015 2020

출처: 미국 재무부

미국 국가 부채 추이

현재 미국은 높은 수준의 국가 부채와 무역 적자를 포함한 상당한 재정적 위기에 직면해 있습니다. 이런 문제들은 달러가 다른 통화들과의 경쟁 속 기존의 가치를 유지하지 못할 수 있다는 우려로 이어집니다. 인플레이션 압력과 국내 통화 정책도 달러의 강도와 안정성에 영향을 미칠 수 있으며 이는 글로벌 화폐로서의 신뢰에 영향을 미칩니다.

중국 같은 신생 경제국의 부상도 달러의 지배력에 잠재적 도전을 제기합니다. 중국 경제가 규모와 영향력에서 성장함에 따라 위안화가 국제 금융에서 더 주요한 역할을 할 것이라는 전망이 이어지고 있습니다. 일부 국가들은 국제 무역 및 예비금에서 달러에 대한 의존도를 줄이려고 합니다. 실제 중국과 러시아는 양국 간 무역에서 달러가 아닌 자국 통화를 사용하는 움직임을 보이기도 했습니다.

지정학적 긴장과 무역 분쟁은 달러화에서 벗어나려는 움직임으로 이어질 수 있으며, 국가들은 전통적인 금 보유와 함께 '유로, 엔, 위안화' 같은 통화로 외화 보유를 점차 다양화하고 있습니다. 이는 달러 리스크에 대한 우려와 글로벌 금융 시스템 내 달러 중심의 취약점에 대한 헤지 시도를 반영합니다. 하지만 이 역시 완벽하지 않죠. 그저 과거 달러의 권력이 다른 화폐로 나뉘는 과정입니다.

비트코인과 달러의 차이를 이해하면 보이는 것

기술의 발전과 디지털 화폐의 출현은 전통적인 통화 시스템에 도전합니다. 비트코인 같은 암호 화폐는 전통적인 화폐에 대안을 제공하며, 증가하는 글로벌 인구에게 매력적인 이점을 제공합니다. 이 디지털 화폐는 국가가 통제해야 한다는 통화의 전통적 인식에 도전하며 새로운 글로벌 금융의 미래를 제시하고 있습니다.

달러는 여전히 글로벌 경제에서 중요한 역할을 수행하지만, 그 권위에는 이의가 계속 이어지고 있습니다. 비트코인은 이런 달러 권력에 대항하는 하나의 대적자로 세상에 제시된 새로운 화폐 시스템이죠.

비트코인과 미국 달러는 모두 화폐로 설계되었지만 근본적으로 다른 패러다임하에 운영됩니다. 두 화폐의 차이를 이해하는 것은 비트코인의 강점과 화폐로서의 잠재력을 평가하는 데 필요합니다.

1. 작동 메커니즘

• 발행 및 통제

미국 달러는 연방 준비 제도에 의해 발행되며 그 공급량이 통화 정책 결정에 영향을 받습니다. 이 통화 정책은 미국 정치인들에 의해서 결정되죠. 반면 비트코인은 분산화되어 있으며, 그 공급량은 프로토콜에 사전에 정해져 있습니다. 새로운 비트코인은 계속해서 감소하고, 우리가 예측 가능한 분량으로 만들어지죠.

• 가치 기반

달러는 법정 화폐입니다. 그 가치는 물리적 상품에 뒷받침되지 않고 정부와 경제에 대한 신뢰에 의해 유지됩니다. 비트코인의 가치는 그 네트워크, 기술적 유틸리티, 희소성, 그리고 사용자들의 집단적 신뢰로부터 파생됩니다.

• 보관 및 이전

달러를 보유하고 이전하려면 은행이나 다른 금융 중개 기관이 필요합니다. 이는 내가 원할 경우에도 내 자산을 마음대로 관리할 수 없을 가능성을 의미하죠. 은행 위기나 시스템적인 오류로 입출금이 어려워지는 사례도 존재합니다. 반면 비트코인은 직접적인 개인 간 거래를 가능하게 하여 사용자의 자율성을 강화하고 중개 기관 의존도를 줄입니다.

2. 비트코인의 강점

• 세계적 접근성

비트코인은 전통적인 은행 인프라가 필요 없이 전 세계적으로 접근하고 사용할 수 있습니다. 은행 서비스가 부족한 지역이나 현지 통화가 불안정한 곳에서도 효용이 높은 금융 서비스를 활용할 수 있죠.

• 투명성과 보안

블록체인 원장은 모든 거래의 투명하고 변경 불가능한 기록을 제공합니다. 이는 보안을 강화하고 사기, 위조의 위험을 줄입니다.

• 재정적 주권

비트코인 보유자들은 은행이나 정부의 승인 없이도 개인 자산을 통제할 수 있습니다.

• 인플레이션 저항성

비트코인의 공급 제한은 인플레이션을 통해 가치가 하락할 수 있는 법정 화폐와 대조됩니다. 2000년 짜장면의 가격은 3,277원이었지만, 불과 24년 뒤 짜장면의 가격은 8,000원이 되었죠. 비트코인의 공급 제한은 인플레이션 압력에 대한 방어 수단으로 작용합니다.

달러가 세계 경제의 핵심 요소로 남아 있는 동안 비트코인은 화폐에 대한 새로운 접근 방식을 제시했습니다. '탈중앙성, 보안, 인플레이션 헤징' 같은 차이점은 비트코인을 기존 법정 화폐와 다른 존재로 만들고 이 시스템에 대항할 수 있는 유일한 자산임을 우리가 공감하고 이해할 수 있도록 알려 줍니다.

37

미국 암호 화폐 행사에는 유력 정치인이 온다

비트코인의 탄생과 성장 과정은 혁신의 연속이었습니다. 초기에는 단순한 디지털 계정 단위, 즉 BTC로서의 존재감을 드러냈으며 시간이 흐르면서 독특한 네트워크와 정체성을 구축해 나갔습니다. 이 발전의 여정에는 비트코인의 본질을 깊이 이해하고 그 가능성을 확장하려 한 이들의 역할이 결정적이었습니다.

이 비트코이너들은 크게 두 개 그룹으로 나눌 수 있습니다. 첫 번째 그룹은 비트코인의 기술적 진화와 확장에 집중했습니다. 라이트닝 네트워크 같은 혁신적인 개발에 몰두하며 수년간 노력을 기울였고, 그 과정은 오늘날에도 계속되고 있습니다. 이들은 비트코인 애플리케이션 개발, 관련 기업의 운영 등을 통해 비트코인 생태계를 성장시키는 데 열정을 쏟아 왔죠.

또 다른 이들은 비트코인에 대한 깊은 신념을 바탕으로 막대한 시간, 노력, 자금을 투자한 사람들로 구성됩니다. 이들은 비트코인 생태계의 핵심 구성원, 네트워크의 지지자이자 비트코인 맥시멀리스트로 불립니다. 비트코인을 보유하고 지지하는 이들의 활동은 간단하지 않은 과업이며, 상당한 시간과 비용을 요구하고 어려움에 직면하기도 합니다.

비트코인의 여정은 단순히 디지털 화폐의 등장을 넘어서 기술적 혁신과 개인의 노력, 커뮤니티의 결속력이 어우러진 새로운 가치 체계, 패러다임의 탄생입니다. 이런 과정을 통해 비트코인은 경제적, 사회적 혁신의 상징으로 자리 잡게 되었습니다.

비트코인을 투자의 관점에서 바라봤을 때에도 서로 다른 길을 걷는 두 부류의 사람들이 있습니다. 첫 번째는 비트코인의 본질적 가치와 원칙에 충실하려는 사람들입니다. 이들은 비트코인의 탈중앙화된 특성과 발행자가 없는 자산으로서의 본질을 중시합니다. 반면 두 번째 부류는 비트코인의 성공적인 모델을 차용하여 수익을 창출하려는 사람들입니다. 이들은 새로운 암호 화폐를 만들어 비트코인과 경쟁하려 하거나 비트코인을 이용한 다양한 금융 활동을 고안하고자 합니다.

이들은 모두 비트코인의 미래와 디지털 화폐의 발전 방향에 중요한 영향을 미치고 있습니다. 특히 두 번째 부류의 접근 방식은 비트코인 생태계를 확장시키는 동시에 새로운 형태의 금융 혁신을 촉진할 수 있습니다. 하지만 이런 확장이 비트코인의 기본 원칙과 어떻게 조화를 이룰지, 또한 이것이 장기적으로 가치와 신뢰성에 어떤 영향을 미칠지를 비트코인 투자자들은 주목하고 있죠.

결국 많은 사람이 주목하는 것은 비트코인의 근본적인 가치가 될 것입니다. 탈중앙화된 자산으로서의 비트코인과 그에 기반을 둔 새로운 시스템의 설계는 화폐 혁명의 본질을 재조명하며, 이는 결국 비트코인 및 기타 디지털 화폐의 장기적인 발전 방향을 결정짓는 핵심 요소가 될 것입니다. 이 전망은 비트코인이 단순한 투자 수단을 넘어 경제적 가치와 의미를 재창출하는 중심축으로 자리 잡을 수 있음을 의미합니다.

0에서 1로,
이 세계에 다시없을 패러다임

최근 몇 년간 글로벌 미디어들은 암호 화폐에 대한 이해를 넓혀 왔습니다. 과거 '사라진다'고 이야기되던 비트코인은 이제 새로운 투자 자산으로 인정받고 있죠. 우리는 세상의 전환점에 서 있습니다. 비트코인을 포함한 암호 화폐의 가치는 이제 광범위하게 토론되며, 그 가치와 역할에 대한 인식이 점점 명확해지고 있습니다.

이런 변화는 정치인들과 규제 기관에게도 영향을 미치고 있습니다. 상원 의원, 미국에서는 상원 의원, 주지사, 하원 의원 등 많은 공직자가 비트코인의 중요성을 인지하고 있으며, 이는 광범위한 연구와 자료를 통해 입증되고 있죠.

미국에서는 실제 암호 화폐 행사에 정치인들이 방문해 이야기를 전하고 있기도 합니다. 미국 대통령 후보인 도널드 트럼프는 "내가 미국 대통령이 된다면 비트코인 결제를 허용할 것"이라고 말하기도 했습니다. 미국 증권 거래 위원회는 2024년 1월 비트코인 현물 ETF를 승인하며 비트코인이 '자산'임을 인정했습니다.

점차 전 세계적으로 비트코인의 가치를 인식하는 사람들이 늘어나는 상황입니다. 이는 국가 중앙은행들이 통화 가치를 저하시키는 상황에서 비트코인이 어떻게 경제적 우위를 점할 수 있는지를 보여 줍니다.

비트코인은 그 가치와 지위를 빠르게 강화해 가고 있습니다. '디지털 금'이라는 별명 아래 비트코인은 지난 2년 반 동안 눈부신 성장을 이뤄 냈습니다. 이 기간 동안 금 같은 전통적인 안전 자산은 별다른 움직임을 보이지 않았습니다. 비트코인은 이때 모든 자산을 능가하는 성장세를 보이며, 인플레이션 헤징 수단으로 금을 대

암호 화폐 행사에서 부스를 운영하는 로버트 F 케네디 주니어 미국 대통령 후보

체할 가능성이 있는 자산으로 자리매김하고 있습니다.

더욱이 디지털 자산에 대한 인식의 변화와 기술 발전은 비트코인의 매력을 더욱 증대합니다. 100만 달러짜리 비트코인을 전 세계 어디로든 쉽게 이동시킬 수 있는 능력은 어떤 전통적인 자산도 제공할 수 없는 독특한 장점입니다. 이는 비트코인이 단순한 투자 수단을 넘어 글로벌 경제에서 중요한 역할을 할 수 있는 가능성을 내포하고 있음을 시사합니다.

비트코인은 현대 투자자들에게 새로운 자산의 한 형태로 자리 잡았습니다. 현재 많은 사람이 투자자나 트레이더로서 활동하고 있으며, 이는 시장에 긍정적인 활력을 불어넣는 현상입니다. 규제 기관과 언론은 비트코인 투자에 대한 관심을 불러일으키는 중요한 역할도 하고 있죠.

하지만 진정으로 비트코인을 구매한다는 것은 조금 다른 의미를 가집니다. 비트코인의 장기적 가치와 그것이 경제에 미치는 영향을 이해하는 것은 미래 지향적인 투자 전략의 핵심입니다. 따라서 비트코인에 대한 투자는 단순한 자산 구매를 넘어 경제적 변화에 대한 깊은 이해와 대응을 의미합니다. 이 맥락에서 비트코인은 여러분이 현대 경제의 흐름을 어떻게 전망하고 있는지를 담는 가치관의 결과가 되는 것이죠.

비트코인 S&P 500 금 차트

애플이 작은 차고에서 시작할 때 그 가치를 알아본 이들이 있던 것처럼 현재 비트코인의 잠재력을 믿는 사람들도 있습니다. 이들은 애플, 마이크로소프트, 구글 같은 기업들이 세상에 새로운 가치를 보이리라 믿었던 이들과 같이 비트코인도 새로운 가치를 세상에 제시할 것이라 전망합니다. 기술을 만들어 가는 이들은 세상에 이름을 남깁니다. 스티브 잡스, 제프 베이조스, 래리 페이지, 일론 머스크, 마크 저커버그 같은 이들이 바로 그런 사람들이죠. 그리고 이들이 세상을 바꿀 수 있다는 것을 조금 빠르게 알아차린 사람들에게도 경제적 자유가 주어집니다.

38

비트코인을 갖는 자가
자유를 얻는다

비트코인의 등장은 세상에 새로운 부의 창출과 분배 기회를 제공합니다. 일각에서는 비트코인이 소수에 의해 독점되어 부의 불평등을 심화시킬 것이라는 이들도 있죠. 하지만 시간이 지남에 따라 비트코인은 더 많은 사람에게 분산됨으로써 사회적 평등을 증진시키고 있습니다.

네트워크 무결성 측면에서 볼 때 참여자의 증가는 탈중앙화를 강화하며 네트워크를 더욱 견고하게 만듭니다. 새로운 참여자는 네트워크에 대한 단일 기업이나 국가의 영향력을 희석시키며, 이는 전체 시스템의 안정성을 향상시킵니다. 강력한 기업이나 국가의 참여는 네트워크 보호에 긍정적으로 기여하며, 이는 비트코인 시스템에 대한 공격을 억제하는 역할을 하죠.

예를 들어 중동 한 국가가 대량의 비트코인을 구매했다고 해도 이는 네트워크 지배로 직결되지 않습니다. 이런 행위는 오히려 비트코인 네트워크의 가치를 증가시켜 나머지 보유자들에게 더 큰 권력을 부여하게 되죠. 네트워크는 새로운 참여자들로 인해 강화되며, 이는 비트코인 생태계 전체에 긍정적인 영향을 미칩니다.

중국 정부 같은 거대 행위자가 비트코인에 부정적인 태도를 보일 때 다른 국가들은 반대의 태도로 반응함으로써 권력의 균형을 이룹니다. 결국 이 비트코인이라는 네트워크 속 다양한 주체들의 참여가 비트코인 생태계를 조절하고 견고하게 만들어 주죠.

비트코인에 대한 세계적인 투자 증가는 단순한 현상이 아닙니다. 이는 분산화를 촉진하고, 어느 한 단체의 화폐 지배를 막으며, 궁극적으로는 더욱 공정한 부와 권력 분배로 이어질 수 있는 안정적인 시스템을 만들어 냅니다. 이 네트워크는 그 어떤 단일 세력에 의해서도 지배받지 않습니다. 컴퓨팅 파워, 전기, 정치적 영향력, 경제 및 교환 능력 등에 기반을 두어 만들어지죠. 우리가 벌써 볼 수 있는 네트워크 구성원에는 블랙록 같은 대형 기관 투자자, 채굴 회사, 노드 운영자, 규제 기관, 정치인부터 코인베이스 같은 이들까지 다양한 참여자들의 의해 구성됩니다.

중앙 집중식 발행 기관이 없는 이 디지털 자산은 ETF 승인을 통해 지지 기반을 넓히며, 전 세계적 합의에 의해 인정받는 독특한 자산으로 자리매김했습니다. 이는 비트코인이 단일한 힘에 의해 지배될 수 없는, 글로벌 합의의 산물임을 드러내는 강력한 증거입니다.

이처럼 비트코인에 대한 투자는 단순한 금액의 문제가 아닙니다. '비트코인이 가진 변경 불가능한 가치와 그 안에서 찾을 수 있는 가능성을 이해하는가'의 문제입니다. 비트코인 네트워크에 합류하는 이들은 그것이 지닌 가치를 깊이 이해하고, 그 원칙을 지켜갈 준비가 되어 있는 사람들인 것이죠. 비트코인 투자는 단순한 금융 거래를 넘어 경제적 패러다임의 변화를 이해하는 행동입니다.

프로메테우스와
사토시 나카모토

비트코인의 창시자는 사토시 나카모토라는 익명의 인물입니다. 그의 정체가 미궁에 묻혀 있음은 비트코인이 더욱 완전한 화폐 시스템이 될 수 있도록 만들죠. 비트코인의 탄생은 마치 소설과도 같습니다. 창조자의 갑작스러운 사라짐, 움직이지 않고 있는 코인, 최초에는 그 가치를 인정받지 못했던 이 디지털 자산의 여정은 마치 드라마와 같습니다. 비트코인 프로토콜의 단순함과 주변에서 일어나는 논쟁들은 이 디지털 자산이 전 인류의 공동 재산이 될 수 있는 기반을 더욱 공고히 했습니다.

만약 사토시 나카모토가 아직도 은밀하게 비트코인의 방향성을 조종하고 있다면, 이는 비트코인이 추구하는 분산화 철학에 심각한 의문을 제기합니다. 하지만 비트코인의 창시자는 이미 경제적 자유를 이루고도 한참이 지났을 지금까지 세상에 모습을 드러내지 않고 있죠. 이는 비트코인을 새로운 형태의 경제적 자유와 혁신의 상징으로 만듭니다.

다음은 비트코인 백서의 이메일 내용입니다.

```
From: Satoshi Nakamoto <satoshi <at> vistomail.com>
Subject: Bitcoin P2P e-cash paper
Newsgroups: gmane.comp.encryption.general
Date: 2008-10-31 18:10:00 GMT (4 years, 52 weeks, 1 day, 3 hours and 23 minutes ago)

I've been working on a new electronic cash system that's fully
peer-to-peer, with no trusted third party.

The paper is available at:
http://www.bitcoin.org/bitcoin.pdf

The main properties:
  Double-spending is prevented with a peer-to-peer network.
  No mint or other trusted parties.
  Participants can be anonymous.
  New coins are made from Hashcash style proof-of-work.
  The proof-of-work for new coin generation also powers the
    network to prevent double-spending.

Bitcoin: A Peer-to-Peer Electronic Cash System

Abstract.  A purely peer-to-peer version of electronic cash would
allow online payments to be sent directly from one party to another
without the burdens of going through a financial institution.
Digital signatures provide part of the solution, but the main
benefits are lost if a trusted party is still required to prevent
double-spending.  We propose a solution to the double-spending
problem using a peer-to-peer network.  The network timestamps
transactions by hashing them into an ongoing chain of hash-based
proof-of-work, forming a record that cannot be changed without
redoing the proof-of-work.  The longest chain not only serves as
proof of the sequence of events witnessed, but proof that it came
from the largest pool of CPU power.  As long as honest nodes control
the most CPU power on the network, they can generate the longest
chain and outpace any attackers.  The network itself requires
minimal structure.  Messages are broadcasted on a best effort basis,
and nodes can leave and rejoin the network at will, accepting the
longest proof-of-work chain as proof of what happened while they
were gone.
```

출처: Bitcoin Whitepaper

사토시 나카모토 비트코인 백서 이메일

저는 완전히 개인 대 개인 방식으로 작동하는, 신뢰할 수 있는, 제 삼자가 없는 새로운 전자 화폐 시스템에 대해 작업하고 있습니다. 그 내용을 담은 백서를 공유드리며, 이 시스템은 아래와 같은 특징을 가집니다.

- 이중 지불이 P2P 네트워크 기반 방지됩니다.
- 조폐국이나 기타 신뢰할 수 있는 당사자가 없이 작동합니다.
- 참여자는 익명성을 유지할 수 있습니다.
- 새로운 코인은 해시캐시 스타일의 작업 증명(Proof of Work)을 통해 생성됩니다.
- 새 코인 생성을 위한 작업 증명은 이중 지불을 방지하기 위한 네트워크를 유지합니다.

비트코인의 진정한 공정성은 창조 및 분배 과정의 투명성에 기인합니다. 이 디지털 화폐에 초기 투자한 이들이 시간이 흘러 그 가치가 상승함에 따라 얻은 이득은 비트코인이 제시한 공정한 기회의 상징입니다. 마이클 세일러가 말하듯 "비트코인은 누구나 얻을 수 있는, 하지만 그들이 이 시스템의 가치를 빠르게 알아낼수록 '합당한 가격'에 얻을 수 있는 화폐"죠.

사라진 사토시 나카모토는 이 공정성을 강화하는 요소입니다. 만약 그가 시스템을 조작해 자신의 이득을 추구하거나 커뮤니티를 이끌었다면 비트코인은 지금의 신뢰성을 얻을 수 없었을 겁니다. 지금까지 비트코인이 이뤄 낸 성장은 단순한 사건이 아닌 집단적 창의력과 협력의 결과입니다.

전 세계에 있는 비트코인 커뮤니티는 그들이 직면한 도전을 극복하는 과정에서 비트코인 네트워크를 강하게 만들어 가고 있으며, 이 가치를 더 많은 사람이 공감하고 활용할 수 있도록 노력하고 있죠. 이들이 만들어 가는 비트코인 생태계는 프로메테우스가 인류에게 불을 가져다준 것과 같이 미래를 비출 빛으로 빛나고 있습니다. 비트코인은 글로벌 금융 시스템을 뒤흔든 이 시대의 걸작입니다.

삶의 굴레를 벗어날
빛나는 기회를 놓치지 마세요

우리는 비트코인이 어떤 잠재력을 지녔는지, 그리고 이 세상에 왜 비트코인이 필요한지에 대해 이야기를 나눴습니다. 비트코인은 긴 시간을 거쳐 결국 제도권 편입에 성공했습니다. 2024년 미국 증권 거래 위원회의 비트코인 현물 ETF 승인이 바로 그 시작이 되었죠. 그럼에도 아직 비트코인의 가치를 믿지 않는 투자자들, 비트코인이 폰지이자 튤립이라는 이들이 훨씬 많음을 우리는 보고 있습니다.

여러분이 경제적 굴레에서 벗어나기 위해서는 다른 이들이 믿지 않을 때 미래를 만들어 갈 기술을 알아채는 선구안이 필요합니다. 영화 〈포레스트 검프〉 속 중위님처럼요.

> **"중위님께서 내 돈을 관리해 주셨는데, 무슨 과일 회사에다 투자를 했다며 우린 이제 돈 걱정할 필요가 없어졌다더군요."**
>
> <포레스트 검프>

비트코인의 보급과 수용이 늘어남에 따라 투자, 금융, 일상이 어떻게 바뀌어 갈 수 있을지 고민해 보세요. 우리의 삶에서 비트코인이 차지할 위치와 그로 인해 변화될 모습에 대해 생각하고, 여러분이 생각하는 미래를 스스로 그려 나가야 합니다.

저는 비트코인이 단순히 하나의 투자 상품, 금융의 한 축으로서의 역할을 넘어 사회와 경제 변화를 이끌어 낼 수 있는 중요한 도구라고 생각합니다. 비트코인은 법정 화폐 시스템의 탄생 후 최초로 인간이 새로운 화폐 시스템, 새로운 패러다임을 가질 수 있다는 가능성을 제시해 줬죠. 제가 처음 비트코인을 마주한 2017년, 저는 어디에서 "비트코인 투자를 하고 있다"고 말하기 민망했습니다. 지금은 어떤가요?

단순 가격의 변화가 아닌, 인식의 변화를 우리는 이미 마주하고 있습니다. 비트코인은 이 세상에 안착했고, 그 시스템이 안정화될수록 더 많은 사람에게 가치를 줄 수 있는 시스템이죠.

비트코인을 신뢰하는 사람들이 지금보다 늘어난다면 어떤 변화가 일어날까요?

이 질문은 단순히 숫자의 증감을 묻는 것이 아닙니다. 누군가는 비트코인이 근간 가치가 없다고 비판하지만, 비트코인은 전통적인 가치 산정법으로 그 가치를 판단할 수 있는 시스템이 아닙니다. 비트코인은 하나의 온전한 네트워크를 만들어 내는 데 성공했습니다. 이제 세상에서 이 네트워크가 가지는 역할에 따라 1비트코인의 가치가 결정되겠죠.

비트코인이 전 세계의 투자 자산으로 자리 잡는다면?
신흥국의 화폐로 사용된다면?
기관 투자자들의 기본 투자 대상에 포함된다면?
글로벌 결제가 비트코인을 기반으로 진행된다면?
비트코인이 미래 금의 역할을 대체해 간다면?

그 시점에 1비트코인의 가치는 얼마가 될까요? 비트코인의 개수는 영원히, 이 모든 상황에서 2,100만 개로 고정됩니다. 이 책에서 처음 했던 질문을 다시 드려 보겠습니다.

여러분이 믿는 비트코인의 미래는 어떤 모습인가요?

지금 머릿속에 떠오른 미래가 지금 이 세상이 비트코인을 믿는 모습보다 멋진 미래라면,

비트코인을 사세요.

여러분의 머릿속에 떠오른 비트코인의 모습이 지금 세상 속 비트코인의 역할보다 작아진 미래라면,

비트코인을 파세요.

만약 비트코인이 여러분을 삶의 굴레에서 벗어나게 할 '과일 회사'가 아니었다 해도 후회하지 마세요. 여러분의 삶에서 기회는 단 한 번이 아닙니다. 항상 세상을 마주하고, 새로운 세상을 만드는 기술에 눈을 두세요. 우리의 삶이 바뀌는 순간, 이 세상이 나아가는 방향을 빠르게 알아챌 수 있도록 노력하세요. 일상의 매너리즘에 빠져 삶의 굴레를 벗어날 기회들을 지나치게 두지 마세요.

저의 이야기가 여러분이 삶의 굴레를 벗어나실 작은 희망의 불씨가 되어드릴 수 있기를 바랍니다. 노동의 굴레에서 나와 원하는 일을 하며 살아가실 삶을 진심으로 기원하겠습니다. 긴 글 읽어 주셔서 감사합니다.

최동녘 드림

모든
코인의 토대
비트코인
백서

₿

—

비트코인은 디지털 황금이다.

래리 핑크(블랙록 CEO)

비트코인 백서를 본 투자자와
보지 않은 투자자는 다르다

은행이나 금융 서비스 없이 전 세계에 돈을 보내는 세상을 상상해 보세요. 친구에게도, 기업에게도, 심지어 해외에 있는 누군가에게도 원하는 순간에 원하는 가치를 전송할 수 있는 미래, 기존 세상에 존재하던 수많은 규칙과 중간자들이 없이 우리가 원한다면 얼마든 가치를 이전할 수 있는 미래입니다.

비트코인은 모든 거래가 특별한 방식으로 기록되는 P2P 네트워크입니다. 디지털 서명을 사용해서 거래를 검증하고, 전송되는 돈이 진짜이며 발신자가 신뢰할 수 있는 존재임을 보장합니다.

비트코인 네트워크에서 모든 거래는 블록으로 묶이고, 이 블록들은 모여 하나의 체인을 구성합니다. 이 연결은 해시 기반 작업 증명으로 불리는 수학적 퍼즐을 풀어 줌으로써 이어지죠. 이 과정에는 많은 컴퓨팅 파워가 필요해 그 거래가 매우 안전하고, 변경하기가 사실상 불가능합니다.

이 네트워크는 아주 유연합니다. 누구나 언제든 이 네트워크에 들어오고 떠날 수 있으며, 거래는 네트워크 전체가 공유해 모두가 볼 수 있고 검증할 수 있습니다. 간단히 설명하자면, 은행이나 금융 기관의 감독 없이도 인터넷을 통해 사람들이 서로에게 돈을 보낼 수 있는 안전하고 분산된 방법이죠.

이 네트워크의 근간을 이루는 비트코인(Bitcoin, BTC)은 하나의 네트워크이자 가치 체계로 존재합니다. 개인과 개인이 원한다면 얼마든지 가치를 이전할 수 있는 시스템, 그 시스템이 인간에게 필요하다고 느끼는 이들이 많아질수록 가치가 높아지고 네트워크가 강해지는 구조입니다. 여러분은 현대의 화폐 구조가 진정 시민을 위해 존재한다고 생각하시나요?

중간자 없는 거래 시스템, 비트코인을 말하며

비트코인 백서는 비트코인의 창시자 사토시 나카모토가 2008년

Bitcoin: A Peer-to-Peer Electronic Cash System

Satoshi Nakamoto
satoshin@gmx.com
www.bitcoin.org

Abstract. A purely peer-to-peer version of electronic cash would allow online payments to be sent directly from one party to another without going through a financial institution. Digital signatures provide part of the solution, but the main benefits are lost if a trusted third party is still required to prevent double-spending. We propose a solution to the double-spending problem using a peer-to-peer network. The network timestamps transactions by hashing them into an ongoing chain of hash-based proof-of-work, forming a record that cannot be changed without redoing the proof-of-work. The longest chain not only serves as proof of the sequence of events witnessed, but proof that it came from the largest pool of CPU power. As long as a majority of CPU power is controlled by nodes that are not cooperating to attack the network, they'll generate the longest chain and outpace attackers. The network itself requires minimal structure. Messages are broadcast on a best effort basis, and nodes can leave and rejoin the network at will, accepting the longest proof-of-work chain as proof of what happened while they were gone.

출처: Bitcoin Whitepaper

비트코인 백서 사토시의 말

공개한 문서입니다. 이 새로운 네트워크와 비트코인의 작동 원리를 설명하죠. 이 백서에는 우리가 어떻게 중앙 집중식 기관이 아닌 P2P 네트워크를 통해 금전 거래를 할 수 있는지 굉장히 자세히 설명되어 있습니다. 그리고 탈중앙성, 기록 불변성이 우리의 금융 시스템에 왜 필요한 가치인지도 알려 주죠. 이 백서를 이해하는 것은 여러분이 비트코인의 세상 속 가치를 공감하고 믿을 수 있는 기반이 됩니다.

현 인류의 경제 구조를 말할 때 빼놓을 수 없는 것이 바로 온라인 상거래입니다. 이 시스템은 은행이나 결제 회사들이 지구 반대편에 있는 국가에서도 가치를 이동하고 거래를 가능케 할 수 있도록 지원해 주는 결제 인프라의 등장과 함께 가능해졌죠.

하지만 이 시스템은 대부분 적절히 작동하지만 완벽하지는 않습니다. 해외 결제를 위해서 우리가 마주해야 하는 수많은 단계는 물론이고, 이 시스템을 사용하기 위해 우리가 기업을 포함한 제삼자에게 제공해야 하는 개인 정보, 심지어는 이런 정보들이 유출되어서 개인 피해로 이어지는 경우도 있죠.

우리가 현금으로 경제 활동을 할 때는 이런 문제에 대해 걱정할 필요가 없습니다. 온전한 '현금'에는 이미 교환 가치가 존재하기 때문에 나와 거래하는 이가 어떤 존재인지를 확인하지 않아도 되기 때문이죠.

하지만 지금의 온라인 거래에서는 이런 활동이 불가합니다. 여러분의 모든 거래는 나에 대한 정보를 상대방에게 제공했을 때에만 가능하며, 이 이력은 계속해서 남아 여러분이 무엇에 관심을 두고 어떤 활동을 하고 있는지 상세히 기록되죠.

이런 상상을 해 보세요. 온라인으로 가치를 이전하는 과정에서 은행이나 결제 기업 같은 기관이나 특정 개인을 무조건 신뢰하지 않아도 되는 세상이 있다면 어떤 모습일까요?

이 시스템은 기존의 글로벌 송금, 결제와는 달리 코드에 의해서 작동합니다. 그리고 이들 사이에서 가치의 전송이 이뤄졌다는 것은 네트워크 참가자 모두가 공유하며 세상에 알려지게 되죠. 즉 은행과 기업의 장부가 아닌 네트워크 기록상에 존재하게 되는 가치의 원장인 것입니다.

비트코인의
작동 원리와 알고리즘

이 디지털 화폐 구조의 작동 원리를 설명해 보겠습니다. 이 네트워크에서는 디지털 화폐가 새로운 사람에게 넘어갈 때마다 소유자는 이 메모에 자신의 디지털 서명을 추가해서 인증합니다.

메모에는 이전의 거래들을 나타내는 코드(해시)와 함께 새로운 소유자의 디지털 아이디(공개 키)가 포함됩니다. 이 서명과 코드의 연쇄를 통해 한 코인이 최종적으로 누구의 소유인지를 우리가 알아낼 수 있죠.

이 거래는 현금 거래와는 달리 온라인 데이터 교환을 통해 진행되기에 수령하는 시점에 코인을 받은 사람은 이 코인이 다른 곳에 활용되지 않았는지를 확인해야 합니다. 이 문제를 이중 지출의 문제라고 하죠.

이중 지출 문제의 일반적인 해결책은 모든 거래를 추적하는 중앙 시스템, 예를 들어 디지털 조폐국을 시스템 내에 만드는 것입니다. 화폐가 손을 바꿀 때마다 조폐국이 이 화폐가 이중으로 지출되지 않았는지 확인하고, 거래를 승인하는 구조죠. 하지만 이 시스템은 기존 금융 시스템과 같이 중앙화된 집단이 시스템 보안을 결정한다는 단점이 있습니다.

이런 중앙 기관 없이 이중 지출 문제를 해결하려면 어떻게 해야할까요? 시스템을 사용하는 모두가 모든 거래 이력을 보유하면 가능합니다. 모든 거래를 보유하고 있기에 지금 이동하는 코인에 이중 지출 문제가 있는지 확인할 수 있고, 거래의 신뢰성을 외부 기관에 의존하지 않고도 보장할 수 있는 것이죠.

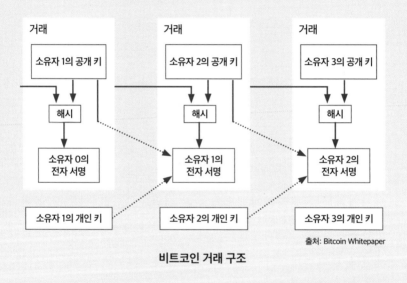

출처: Bitcoin Whitepaper

비트코인 거래 구조

이 시스템이 작동하려면 누군가 코인을 지출할 때 자신의 거래가 첫 거래로 인식되었다는 증거가 필요합니다. 앞서 비트코인 네트워크에서는 거래 이력을 모두가 확인할 수 있다고 말씀드렸습니다. 어떤 사람이 거래를 할 때마다 그 내용을 공유하는 게시판이 있다고 생각해 보세요. 내가 코인을 지출하고 싶을 때 그 거래를 이 게시판에 작성합니다. 게시판을 보고 있는 사람들은 그 거래에 활용된 코인이 처음 활용되는 것인지 확인하죠. 만약 그렇다면 거래가 승인된 후 모두 자신의 기록 내용을 업데이트해 당신이 가진 코인이 지출된 것을 확인합니다. 이런 방법을 활용하면 중앙 권한이 없어도 이 네트워크상의 모두가 특정 코인이 활용 가능한 상태인지 확인할 수 있죠.

이때 각 거래의 시간을 기록하는 것은 타임스탬프(Timestamp) 서버입니다. 이 도장은 정확히 특정 시점에 어떤 활동이 발생했다는 것을 기록합니다. 이런 데이터들로 기록되는 일련의 항목은 해시라고 불리는데, 이는 모든 항목의 정보를 나타내는 코드라고 생각해 주시면 됩니다.

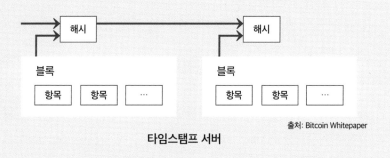

출처: Bitcoin Whitepaper

타임스탬프 서버

이 코드가 한번 공개되면 해시의 항목들이 그 시간에 존재했다는 증거가 되는데요. 이 해시가 만들어지기 위해 사용된 정확한 항목 없이는 고유한 코드를 만들어 낼 수 없기 때문입니다.

네트워크의 완결성을 위해 각 타임스탬프는 이전의 코드를 자신의 코드에 포함합니다. 마치 블록을 쌓을 때 기반이 되는 블록 위에 새로운 블록을 쌓는 것과 같은 구조죠. 이 타임스탬프의 연속을 통해 각각의 새로운 블록은 이전 블록 및 시스템의 신뢰성을 쌓아 갑니다.

더 간단히 말해 보자면, 카드로 탑을 쌓는 장면을 상상해 보세요. 꼭대기에 카드가 올라와 있는 것을 보면 그 아래에 수많은 카드가 쌓여 있을 것임을 우리는 알 수 있습니다. 블록체인의 타임스탬프도 동일합니다. 최신의 블록을 확인한다면 그 밑에 수많은 블록이 쌓여 네트워크를 기록하고 있음을 우리가 알 수 있죠.

이제 비트코인 네트워크가 어떤 방식으로 가치의 이동을 기록하는지 이해가 되셨을까요? 이 네트워크는 어떤 중앙 기관 없이 참여자들이 스스로 무결성을 유지하는 시스템입니다. 비트코인 네트워크에서 하나의 장부 기록이 완료되면 이후 이를 바꾸기에는 정말 엄청난 노력이 필요한데요. 사실상 이 네트워크가 무너질 수 없도록 만드는 것이 바로 작업 증명(Proof of Work)입니다. 영국의 암호학자 애덤 백이 해시캐시(Hashcash)로 처음 제안한 작업 증명은 네트워크의 참가자들이 복잡한 수학 문제(작업)를 해결하여 장부에 새로운 항목을 추가해야 합니다. 이 문제의 난도는 장부를 조작하는 것이 사실상 불가능한 상황으로 만듭니다.

출처: Bitcoin Whitepaper

비트코인 블록 구조

작업 증명에서는 블록의 데이터가 해시 알고리즘(예: SHA-256)을 통과할 때 특정 기준을 만족하는 난수를 찾는 과정을 포함합니다. 장부에 추가된 블록을 변경하려면 해당 블록과 모든 후속 블록에 대한 작업을 다시 해야 하며, 이는 네트워크 사이즈가 커질수록 작업이 기하급수적으로 어려워지는 것을 의미합니다.

이 시스템 내 영향력은 '계산력'에 기반을 둡니다. 비트코인을 '채굴'한다는 이야기를 들어 보셨죠? 채굴은 바로 이 네트워크에 참여한 이들이 목푯값 이하의 해시를 찾는 과정을 반복해 해당 작업에 참여했음을 증명하는 방식의 알고리즘입니다. 이 문제를 해결한 이에게는 블록을 생성할 수 있는 권한과 함께 암호 화폐가 보상으로 주어지죠.

컴퓨팅 기술이 발전하거나 더 많은 참가자가 네트워크에 참여하는 경우 혹은 네트워크 참여자들이 줄어드는 경우에 따라서 작업 증명 문제의 난이도가 조정됩니다. 이 조정은 시간이 지남에 따라서 계산력을 보존하고, 보상 체계를 장기 유지하는 것을 목표로 합니다. '비트코인'이라는 보상 체계를 통해서 세상이 스스로 네트워크를 이끌어 가도록 만드는 구조입니다.

비트코인
네트워크와 인센티브

블록체인 네트워크를 운영하는 것은 모든 거래가 컴퓨터 네트워크, 즉 노드에 안전하게 기록되고 검증되도록 보장하기 위해 일련의 단계로 만들어집니다. 쉽게 설명하자면 다음과 같죠.

1. 거래(트랜잭션) 공유하기

모든 플레이어가 모든 플레이어의 움직임을 알아야 하는 게임을 하고 있다고 상상해 보세요. 이 움직임이 제대로 나뉘지 않으면 게임을 정상으로 플레이할 수 없겠죠? 마찬가지로 누군가가 디지털 화폐를 보내는 것과 같은 거래를 할 때마다 이 정보는 네트워크 내의 모든 노드(컴퓨터)와 공유됩니다.

2. 거래(트랜잭션) 모으기

각 노드는 일정 기간 동안 이런 거래를 수집합니다. 마치 퍼즐 조각을 모으듯 말이죠. 이 조각들(거래들)은 그다음 하나의 블록으로 모이며 이는 한 게임에서 이뤄진 모든 기록을 담고 있는 상자와 같습니다.

3. 퍼즐 풀고 알리기

이런 블록을 체인에 추가하려면 노드는 작업 증명으로 알려진 복잡한 퍼즐을 풀어야 합니다. 이 퍼즐은 처음 풀기는 어렵지만 한 번 답이 발견되면 다른 이들이 검증하기 쉽습니다. 노드가 퍼즐을 풀면 노드는 해결된 퍼즐을 담은 이 블록을 모든 다른 노드와 공유합니다. 다른 노드들은 한 노드가 검증한 블록이 맞는 내용인지 확인한 후 이 디지털 화폐가 다른 곳에서 사용되지 않았는지 확인합니다. 모든 것이 정상이면 그들은 블록을 받아들입니다.

4. 체인 만들기

한 블록이 받아들여지면 노드는 이전 블록의 종료점(해시)을 시작점으로 사용하여 체인의 다음 블록 작업을 시작해 동의를 표시합니다. 노드들은 항상 가장 긴 블록체인을 기반으로 작업하고 신뢰하며, 이를 원장의 가장 정확한 버전으로 봅니다. 두 노드가 동시에 자신들의 블록을 완성하여 다음 블록의 두 가지 버전을 만들 경우 노드는 일시적으로 다른 버전에서 작업할 수 있습니다. 그러나 한 체인이 더 많은 블록이 추가되어 더 길어지면 결국 노드들은 이 더 긴, 더 많이 받아들여진 체인에서 작업하기 위해 전환합니다.

5. 인센티브

이렇게 퍼즐을 함께 풀어 가는 사람들의 모임이 있고, 퍼즐을 풀면 금화를 받는다고 생각해 보세요. 이 퍼즐 게임 속 보상, 비트코인 네트워크에서 이 퍼즐은 복잡한 수학 문제이고, 보상이 바로 비트코인입니다. 이 과정을 채굴이라고 하며, 새로운 디지털 코인이 생성되어 유통에 추가되는 방식입니다.

이런 인센티브는 비트코인의 가치에 따라 네트워크 유지 및 보안에 더 많은 이가 자신의 노력을 기울이는 이유가 됩니다. 금을 채굴하는 광부들이 시간과 자원을 소비하는 것처럼 비트코인 광부들은 컴퓨팅 파워와 전기를 사용해 퍼즐을 풉니다. 이런 노력을 기울이기에 이 광부들은 비트코인이 최소 일정한 가치를 유지하기를 원하겠죠. 이런 과정을 통해 에너지가 자산화되는 것입니다. 한 작품을 만드는 작가의 노력이 예술 작품의 가치로 평가되듯, 사금을 얻기 위해 쓰인 시간의 가치를 인정받고 싶듯, 비트코인을 채굴하는 과정에 활용된 시간과 에너지를 보상받고 싶은 것은 당연하니까요.

새 블록을 생성하는 것에 대한 보상 외 채굴자들은 거래 수수료에서도 돈을 벌 수 있습니다. 거래할 때 보내는 디지털 돈이 받는 금액보다 적은 경우 차액은 블록에 거래를 포함하는 채굴자에게 지불되는 수수료입니다. 시간이 지남에 따라 새로 생성되는 코인의 수가 줄어들면서 이 거래 수수료가 채굴자들에게는 주요 보상이 되죠. 이 시스템은 새로운 코인의 생성을 통제하고 결국 멈추게 하여 비트코인 생태계 내 인플레이션을 없애는 것이 목표입니다.

6. 개인 정보 보호

나의 거래가 공개된다고 걱정하시는 분들도 있을 수 있습니다. 이 생태계에서 프라이버시는 다른 방법으로 보호됩니다. 모두가 돈이 왔다 갔다 하는 것은 볼 수 있지만, 이 사람들이 누구인지는 볼 수 없죠. 이는 주식 시장이 운영되는 방식과 유사합니다. 누가, 언제, 얼마나 팔고 이동하는지는 보여 주지만 누가 이를 시행했는지는 보여 주지 않죠. 여러분이 프라이버시를 더욱 보호하고 싶다면 거래마다 새로운 디지털 지갑을 활용할 수도 있습니다. 여러분의 이력을 다른 누군가가 추적할 수 없도록 하는 것이죠.

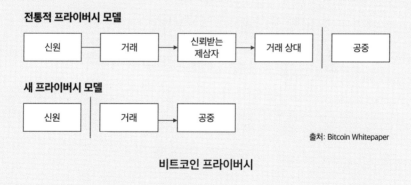

비트코인 프라이버시

비트코인 네트워크가 유지될 수 있는 이유는 무엇일까요? 누군가는 비트코인 네트워크 절반 이상을 한 주체가 확보해 생태계를 좌지우지할 것이라는 걱정을 하는데요. 이런 행동에는 전혀 동기가 발생할 수 없습니다. 누군가가 네트워크 컴퓨팅 파워 절반 이상을 통제하고 부정행위를 시도한다면 이 순간 비트코인 네트워크의 가치는 급락합니다. 더 이상 이 시스템은 탈중앙화된 글로벌 결제 시스템이 아니기 때문이죠. 본인이 비트코인 내 영향력을 확보해 가는 것이 본인에게 오히려 손해되는 행동입니다. 50%의 지분을 확보하기 위해 파워를 더 확보해 갈수록 이는 큰 손해가 됩니다.

비트코인 네트워크의 시스템은 이런 부정행위보다 건전한 기여가 리워드가 되도록 설계되어 있습니다. 시스템을 공격할 힘이 있는 사람들이 굳이 그런 행동을 할 이유가 없어지게 만드는 것이죠. 비트코인은 이런 로직을 통해 그 누가 사라져도 운영될 수 있는 견고하고 안전한 네트워크를 만들어 냈습니다.

비트코인이 왜 가치가 있는가?

유용하고 부족하기 때문이다.

비트코인은 돈의 위대한 미래이자 시작이다.

인플레이션을 이기는 비트코인 경제학

비트코인 지금 사서 평생 투자하는 법

ⓒ 최동녘 2024

인쇄일 2024년 4월 26일
발행일 2024년 5월 3일

지은이 최동녘
펴낸이 유경민 노종한
책임편집 이현정
기획편집 유노북스 이현정 조혜진 권혜지 정현석 **유노라이프** 권순범 구혜진 **유노책주** 김세민 이지윤
기획마케팅 1팀 우현권 이상운 **2팀** 유현재 김승혜 이선영
디자인 남다희 홍진기 허정수
기획관리 차은영
펴낸곳 유노콘텐츠그룹 주식회사
법인등록번호 110111-8138128
주소 서울시 마포구 월드컵로20길 5, 4층
전화 02-323-7763 **팩스** 02-323-7764 **이메일** info@uknowbooks.com

ISBN 979-11-7183-025-1(03320)